I0012655

Sommario

HTML e CSS

HTML e CSS sono i linguaggi più usati in assoluto per la creazione di applicazioni Web interattive e solide. Ogni sito che visiti ogni giorno utilizza queste due tecnologie perché sono le più consolidate e le più evolute dato che HTML è nato nel 1993 e CSS nel 1996.

Ci consentono di sviluppare semplicemente un sito Web, lo rendono facile da costruire, manutenere e modificare. Probabilmente avrai letto che HTML non è un vero e proprio linguaggio di programmazione, così come non lo è CSS, ma sono linguaggi di markup anche detti descrittivi. HTML ha l'obiettivo di descrivere la struttura di un sito mentre CSS ha l'obiettivo di descriverne lo stile.

Useremo un approccio che può sembrare strano ma secondo me è il più efficace: combinare l'uso di HTML e CSS in modo da rendere l'apprendimento più rapido e meno noioso dato che possiamo imparare subito come costruire la struttura del sito e applicargli alcuni tocchi di stile. Scopriremo cosa si intende per HTML5 e CSS3 e quali sono le novità che hanno introdotto. Se stai cercando di diventare un web designer, uno sviluppatore per il web o semplicemente vuoi imparare HTML e CSS questo è libro adatto per te.

A chi si rivolge il libro

Vista l'importanza delle pagine Web, la continua ed inarrestabile progressione verso il digitale, la possibilità di usare il Web per rendere più semplice la vita, si prevede un aumento significativo delle professioni legate a questo mondo. In particolare, sviluppatori e web designer troveranno lavoro più facilmente data la continua domanda da parte del mercato. Questo libro si rivolge a tutti coloro che vogliono iniziare una carriera di questo tipo, che vogliono costruire siti Web professionali ma anche a chi semplicemente non ha conoscenze di base e vuole costruire da sé il proprio sito Internet senza affidarsi ad uno specialista.

Entrambe le categorie troveranno le conoscenze fondamentali per la costruzione di una pagina Web interattiva, gradevole e forniremo consigli utili per velocizzare l'apprendimento e la produttività.

Dov'è il codice?

I file HTML hanno di solito estensione *.html* o *.htm* e verranno utilizzati font e colori in modo da esaltare le parole chiave. Di seguito mostriamo come si presenta una pagina Web:

```
<!DOCTYPE html>
<html>
<head>
    <title>Titolo della pagina</title>
</head>
<body>
    <h1>Titolo</h1>
    <p>Paragrafo</p>
</body>
</html>
```

Per quanto concerne i file di CSS hanno estensione *.css* e rappresentano un insieme di regole di stile e verranno rappresentati in questo modo:

```css
/* Definisco gli stili per la pagina */
body {
  background-color: lightblue;
}

h1 {
  color: white;
  text-align: center;
}

p {
  font-family: verdana;
  font-size: 20px;
}

/* Uso direttiva @-rules */
@media print {
    h1 {
        color: yellow;
    }
}
```

Requisiti

Non ci sono requisiti minimi di sistema per creare pagine Web con HTML e CSS, è sufficiente un PC con un browser Web ed un editor di testo. Non ci sono limiti su sistemi operativi, browser, né su quale editor usare. Tuttavia per testare alcune funzionalità presenti in HTML5 ti consigliamo di scaricare l'ultima versione di Google Chrome o Mozilla Firefox (entrambe gratuite) oppure usare un browser successivo ad Internet Explorer 9.

Strumenti da usare

Come abbiamo anticipato nei requisiti gli strumenti principali per la realizzazione di pagine Web sono un editor di testo ed un browser. Potremmo usare semplicemente blocco note e Internet Explorer come browser per gli utenti Windows ma vi fornirò dei consigli che posso facilitare la progettazione delle interfacce utente.

Editor

Tra la molteplicità di editor di testo ci sono alcune soluzioni gratuite e specifiche solo per Windows come Notepad++ ma personalmente vi consiglio di usare software multipiattaforma ovvero disponibili su Windows, Linux e Mac. Vi consiglio in particolare Atom e Sublime Text che, come tanti altri, mettono a disposizione delle funzioni molto utili.

Le funzionalità più usate ed utili sono l'auto-completamento che consente la chiusura automatica dei tag, l'evidenziatore della sintassi in modo che ogni tag assuma un colore specifico e sia facile da riconoscere. Un'altra funzionalità interessante consiste nel poter scaricare dei plugin forniti dalla community che consentono di aumentare la produttività dell'utente, come ad esempio trovare le differenze tra due file.

Browser

Il programma che interpreta le pagine HTML è proprio il browser che usiamo giornalmente. Il browser si occupa di caricare la pagina creata e successivamente visualizzarla. Per effettuare il caricamento della pagina è opportuno che questa sia prima scaricata quindi se si tratta di un sito web o se la nostra pagina si trova in un server questa viene dapprima scaricata, poi interpretata ed infine visualizzata.

Questo implica che una pagina di dimensioni molto grandi impiega più tempo per essere visualizzata soprattutto su dispositivi lenti. Alla luce di ciò bisogna stare attenti a non sovraccaricare troppo il sistema con pagine enormi ma cercare di modularizzare il più possibile in modo che anche i dispositivi più lenti possano visualizzare la pagina in tempi ragionevoli.

Tutti i browser mettono a disposizione un insieme di strumenti accessibile di solito tramite il tasto F12 della tastiera e che consente, tra le altre cose, l'esplorazione e la modifica della pagina e degli stili associati. Di solito è possibile anche avere un'anteprima della pagina in modalità mobile, selezionando addirittura il dispositivo su cui visualizzare la pagina (tipo tablet, iPhone ecc).

Ad ogni modo consiglio sempre di effettuare dei test della propria pagina con i tre browser principali ovvero Google Chrome, Mozilla Firefox e Internet Explorer (o Edge) soprattutto se la vostra pagina ha un ampio bacino d'utenza. Esistono anche altri browser in circolazione come Safari che è installato di default sui Mac e Opera che è meno usato rispetto ai precedenti ma comunque molto valido ed attento agli utenti. Detto ciò seleziona il tuo browser ed entriamo nel vivo del libro!

Le basi

Come per ogni palazzo è necessario partire dalle basi per poter costruire una conoscenza solida e senza lacune. Capire la struttura di un file HTML e CSS è fondamentale per poter costruire la nostra pagina Web e per poter costruire delle regole di stile efficaci ed evitare la ridondanza. Adesso capiremo come sono strutturati i file HTML e CSS, cos'è un tag, cosa sono le regole CSS e le proprietà.

HTML

HTML è il linguaggio di base per creare pagine Web e il suo acronimo sta per *Hyper Text Markup Language* e sostanzialmente descrive i blocchi che costruiscono la nostra pagina. Possiamo immaginare una pagina Web come un giornale infatti è composta da alcune sezioni come titolo, sottotitolo, paragrafo, piè di pagina che ricordano un giornale (ricordiamo che il linguaggio è nato nel 1993). Queste sezioni sono delimitate da *tag* che ne indicano l'inizio e la fine e servono ai browser per visualizzare i contenuti. Ogni pagina è composta da una sezione denominata *head* che contiene le informazioni non visibili della pagina ed una sezione denominata *body* che conterrà tutti gli elementi visibili ovvero la struttura della pagina, il testo, le immagini ecc.

Analizziamo una semplice pagina HTML in modo da vedere cosa contiene:

```
<!DOCTYPE html>
<html>
<head>
    <title>Titolo della pagina</title>
</head>
<body>
    <h1>Titolo</h1>
    <p>Paragrafo</p>
</body>
</html>
```

I tag sono delimitati da parentesi angolari e ad ogni tag di apertura <> deve corrispondere un tag di chiusura </>.

Il primo tag *<!DOCTYPE html>* indica che stiamo usando la sintassi per HTML5 che vedremo in seguito mentre il tag *<html>* serve per definire un nodo radice della pagina.

Dobbiamo immaginare una pagina HTML come un albero la cui radice è il nodo *<html>* a cui aggiungiamo dei figli, in particolare avrà il figlio *head* e il figlio *body* di cui abbiamo già parlato. Il primo contiene soltanto un tag che rappresenta il titolo della pagina ovvero quello che viene mostrato dal browser, il secondo contiene e mostra due elementi di tipo testuale. Il tag *<h1>* mostra una grande intestazione ovvero un titolo molto grande mentre il tag *<p>* mostra un paragrafo che per definizione ha dimensioni più ridotte ma che con il CSS può assumere forma e dimensioni che vogliamo.

Per creare un file HTML è necessario creare un file di testo e successivamente rinominarlo con estensione *.html*, aprire poi il file con un editor di testo oppure puoi creare un file nell'editor e successivamente salvarlo come file HTML. Dopo aver fatto ciò è necessario aprire la pagina appena creata tramite un doppio click sull'icona del file. Di solito il sistema operativo identifica i file HTML e mostra l'icona del browser predefinito per l'apertura del file.

CSS

La storia di CSS è sostanzialmente parallela a quella di HTML e, di fatto, lo completa infatti CSS ha lo scopo di arricchire l'aspetto della struttura e della pagina Web concentrandosi quindi su un aspetto fondamentale nello sviluppo dei software: separare il livello strutturale da quello di presentazione.

CSS è l'acronimo di *Cascade Style Sheets* ovvero fogli di stile a cascata e in ogni file troviamo delle regole con cui è possibile intervenire sullo stile del testo, sulla posizione degli elementi grafici così come creare nuovi layout in modo che possano essere visualizzati allo stesso modo da tutti i browser.

Creiamo un file con estensione .*css* in modo analogo a quanto fatto per HTML e inseriamo alcune regole:

```css
/* Definisco gli stili per la pagina */
body {
  background-color: lightblue;
}

h1 {
  color: white;
  text-align: center;
}

p {
  font-family: verdana;
  font-size: 20px;
}

/* Uso direttiva */
@media print {
    h1 {
        color: yellow;
    }
}
```

In questo breve esempio di codice CSS abbiamo inserito tre tipi diversi di dichiarazioni ovvero regole, commenti e direttive. La prima riga indica un commento che è racchiuso tra i segni /* e */, i commenti non vengono elaborati dal browser e sono utili solo al programmatore che andrà a leggere o rileggere il codice. Le regole, invece, sono composte da selettore e blocco delle dichiarazioni dove il selettore definisce a quali elementi verrà applicata la regola mentre il blocco di dichiarazioni è composto da proprietà e valore. Nella seconda riga abbiamo *body* come selettore ovvero andremo ad applicare questa regola a tutti gli elementi con tag *body* e la regola è formata dal valore *lightblue* della proprietà *background-color*.

La proprietà definisce un aspetto dell'elemento da modificare, in questo caso il colore dello sfondo, in base al valore che segue la proprietà dopo i due punti. Ogni dichiarazione deve terminare con un punto e virgola in modo da poterla distinguere dalle precedenti o successive. L'uso del punto e virgola non è obbligatorio ma è fortemente raccomandato per evitare comportamenti indesiderati dovuti ad una errata interpretazione.

Il terzo tipo di dichiarazione sono le direttive che sono distinguibili dal simbolo chiocciola @ che precede il nome della direttiva. Queste direttive sono molto usate nei CSS per applicare diverse regole di stile in base al tipo di dispositivo, per la stampa dei documenti e tanto altro. Approfondiremo questo argomento nel corso del libro.

Nel prossimo capitolo inizieremo a comporre delle pagine in HTML a partire dalla loro struttura per finire ai vari tipi di tag passando per la definizione di DOM.

Testo in HTML

Abbiamo detto che una pagina HTML è composta da tag ovvero da etichette che definiscono non tanto l'aspetto ma il contenuto della pagina anche perché l'aspetto è modificabile tramite CSS. Tutto questo contribuisce all'idea di pagina Web come un giornale ovvero un luogo dove le informazioni hanno una posizione precisa in modo da far risultare il tutto ordinato e ben definito.

Esistono diversi tipi di tag in HTML ma tutti partecipano alla creazione di un *albero*, un concetto frequente in informatica. Si crea un albero la cui radice è il nodo *<html>* composto solitamente da due figli *<head>* e *<body>*.

Riprendendo l'esempio precedente disegniamo l'albero che viene creato anche detto *DOM* (*Document Object Model*):

```
html
|
+---head
| |
| +---title
| |
| +---"Titolo della pagina"
|
+---body
|
+---h1
|
+---"Titolo"
|
p
|
+---"Paragrafo"
```

Attributi

Ogni tag può avere degli *attributi* che vengono usati principalmente per aggiungere informazioni all'elemento ad esempio per definire un identificativo univoco dell'elemento. Un attributo è formato da una coppia chiave - valore e il valore che rappresenta è racchiuso da apici o virgolette.

Il tag *input* ad esempio è spesso usato per l'acquisizione di dati da parte dell'utente ad esempio un nome di persona ed in questo caso abbiamo aggiunto alcuni attributi:

```
<input type="text" id="nomePersona" placeholder="Nome">
```

Avrai notato che questo tag contiene un attributo che ne identifica la tipologia, un identificativo per riconoscerlo facilmente e un *placeholder* che consente di specificare un messaggio per l'utente (in questo caso si tratta di *Nome* visualizzato all'interno della casella di testo).

Eventi

Esistono anche diversi attributi utili per identificare un'azione dell'utente ad esempio possiamo intercettare il click dell'utente su un elemento ed invocare delle funzioni JavaScript. Possiamo anche intercettare eventi come lo scrolling del mouse, il cambio di valore di un elemento HTML o l'inserimento di una lettera da parte dell'utente.

Evento	Descrizione
onchange	Un elemento HTML viene modificato
onclick	L'utente clicca su un elemento
onmouseover	L'utente muove il mouse su un elemento HTML
onmouseout	L'utente allontana il mouse da un elemento HTML
onkeydown	L'utente inserisce una lettera dalla tastiera
onload	Il browser ha terminato il caricamento di una pagina

Di seguito riportiamo un esempio quando l'utente esegue un click sul tag relativo al paragrafo della nostra pagina:

```
<!DOCTYPE html>
<html>
<head>
    <title>Titolo della pagina</title>
</head>
<body>
    <h1>Titolo</h1>
    <p onclick="alert('Hai cliccato sul paragrafo');">Paragrafo</p>
</body>
</html>
```

Il risultato di questo codice quando l'utente clicca sul paragrafo è quello riportato dall'immagine seguente:

Avrai sicuramente notato che ho usato delle parentesi diverse all'interno della funzione *onclick* infatti HTML accetta solo codice ben formato ovvero se ad ogni parentesi aperta corrisponde una parentesi chiusa così come per virgolette e gli apici. La funzione JavaScript che deve essere eseguita al click sul paragrafo mostra all'interno del browser un messaggio specificato e il pulsante per confermare la lettura del messaggio. Questa funzione è spesso usata per fornire informazioni all'utente, come nel nostro caso.

Tag di testo

Per l'organizzazione dei testi è necessario individuare sezioni, articoli, titoli e paragrafi per ogni pagina soprattutto quando si vuole creare un sito Web non convenzionale. Esistono, infatti, degli studi riguardo l'interazione utente che dimostrano dove gli utenti si aspettino determinati elementi all'interno di un sito o di una pagina Web. Il menù, per esempio, deve essere situato in alto a sinistra piuttosto che a destra o al centro perché soprattutto nei paesi con scrittura destrorsa l'occhio tende a vedere maggiormente i contenuti a sinistra per una questione di abitudine.

E' bene tenere a mente questi accorgimenti durante la creazione delle nostre pagine Web, progettare una pagina in modo efficace fin dall'inizio evita la modifica di codice e l'introduzione di errori. Il testo in HTML può essere organizzato principalmente in titoli e paragrafi, si parte dai titoli più grandi ovvero *h1* fino agli *h6* che sono quelli più piccoli. Proprio come in un libro le macro-categorie saranno titoli *h1* mentre le sotto-categorie saranno titoli più piccoli quindi *h6*.

I paragrafi di solito sono utilizzati per contenere testi più estesi rispetto ai tag *h1...h6* pertanto risulta utile evidenziare delle parole in modo particolare attraverso l'uso del **grassetto**, del *corsivo* o sottolineato.

```
<!DOCTYPE html>
<html>
<head>
    <title>Titolo della pagina</title>
</head>
<body>
    <h1>Esalta testo</h1>
    <p>Questo è <strong>grassetto</strong>.</p>
    <p>Questo è <em>corsivo</em>.</p>
    <p>Questo è <u>sottolineato</u>.</p>
    <p>Questo è <em><strong>grassetto corsivo</strong></em>.</p>
</body>
</html>
```

13

Il risultato di questa pagina sono una serie di paragrafi dove abbiamo evidenziato il testo in modo da esaltare il significato di alcune parole.

Esalta testo

Questo è **grassetto**.

Questo è *corsivo*.

Questo è <u>sottolineato</u>.

Questo è ***grassetto corsivo***.

Nella creazione della nostra pagina potrebbe essere necessario organizzare il testo in un elenco puntato o un elenco ordinato. Per ottenere un elenco puntato useremo il tag *<ul>* acronimo di *unordered list* che è uno dei tag più usati dagli editori Web. La sintassi è molto semplice infatti all'interno del tag *<ul>* andremo a definire degli elementi tramite il tag *<li>* in modo da creare dei "pallini" accanto ad ogni elemento.

Per quanto concerne la creazione di un elenco ordinato la sintassi è identica ma il tag contenitore degli elementi non sarà *<ul>* ma *<ol>* acronimo di *ordered list*. In questo modo ogni elemento sarà affiancato da un numero progressivo a partire da 1.

Nell'esempio seguente abbiamo riadattato l'esempio precedente in modo da creare entrambi i tipi di elenchi, partendo da quello non ordinato:

```
<!DOCTYPE html>
<html>
<head>
    <title>Titolo della pagina</title>
</head>
<body>
    <h1>Elenco puntato</h1>
    <ul>
        <li><p>Questo è <strong>grassetto</strong>.</p></li>
        <li><p>Questo è <em>corsivo</em>.</p></li>
        <li><p>Questo è <u>sottolineato</u>.</p></li>
        <li><p>Questo è <em><strong>grassetto corsivo</strong></em>.</p></li>
    </ul>

    <h1>Elenco ordinato</h1>
    <ol>
        <li><p>Questo è <strong>grassetto</strong>.</p></li>
        <li><p>Questo è <em>corsivo</em>.</p></li>
        <li><p>Questo è <u>sottolineato</u>.</p></li>
        <li><p>Questo è <em><strong>grassetto corsivo</strong></em>.</p></li>
    </ol>
</body>
</html>
```

Il risultato è mostrato nell'immagine seguente:

Elenco puntato

- Questo è **grassetto**.
- Questo è *corsivo*.
- Questo è <u>sottolineato</u>.
- Questo è ***grassetto corsivo***.

Elenco ordinato

1. Questo è **grassetto**.
2. Questo è *corsivo*.
3. Questo è <u>sottolineato</u>.
4. Questo è ***grassetto corsivo***.

L'ultimo elemento riguardo l'organizzazione del testo in HTML sono le tabelle che sono state al centro di numerose dispute considerato l'uso smodato che ne è stato fatto negli anni. La guida ufficiale del W3C ovvero il consorzio per il *World Wide Web* definisce che le tabelle devono essere usate solo per rappresentare dati in forma tabellare e non per creare una struttura del testo. Per esempio non si deve usare una tabella di tre colonne ed una riga per centrare il testo in una pagina, per fare questo ci sono altri metodi più appropriati.

```
<table>
    <caption>
        <p>Tabella dati</p>
    </caption>
    <thead>
        <tr><th>Colonna 1</th><th>Colonna 2</th></tr>
    </thead>
    <tfoot>
        <tr><td>Footer 1</td><td>Footer 2</td></tr>
    </tfoot>
    <tbody>
        <tr><td>Dato 1,1</td><td>Dato 1,2</td></tr>
        <tr><td>Dato 2,1</td><td>Dato 2,2</td></tr>
        <tr><td>Dato 3,1</td><td>Dato 3,2</td></tr>
    </tbody>
</table>
```

Le tabelle si definiscono tramite il tag *<table>* che è il contenitore di tutta la tabella all'interno del quale troviamo almeno una riga definita con il tag *<tr>* che conterrà una cella definita con il tag *<td>*.

In una tabella è anche possibile definire un'intestazione, il nome delle colonne ed infine una sezione riepilogativa anche detta *footer della tabella*.

Nell'esempio mostrato abbiamo usato il tag *<caption>* viene utilizzato per fornire delle didascalie e quindi contestualizzare il testo, il tag *<thead>* rappresenta l'intestazione della tabella mentre *<tfoot>* è di solito usato per i dati di sommario.

L'esempio precedente produce una tabella di questo tipo:

Avrai notato che si tratta di una tabella ma mancano i classici bordi che delimitano le celle pertanto dobbiamo aggiungere un tocco di CSS ovvero aggiungeremo delle regole di stile e le integreremo nel file HTML:

```html
<!DOCTYPE html>
<html>
<head>
    <title>Titolo della pagina</title>
    <style>
        table  {
            border-collapse:collapse
        }
        td, th {
            border:1px solid black;
            padding:8px;
        }
    </style>
</head>
<body>
    <table>
        <caption>
            <p>Tabella dati</p>
        </caption>
        <thead>
            <tr><th>Colonna 1</th><th>Colonna 2</th></tr>
        </thead>
        <tfoot>
            <tr><td>Footer 1</td><td>Footer 2</td></tr>
        </tfoot>
```

```
    <tbody>
        <tr><td>Dato 1,1</td><td>Dato 1,2</td></tr>
        <tr><td>Dato 2,1</td><td>Dato 2,2</td></tr>
        <tr><td>Dato 3,1</td><td>Dato 3,2</td></tr>
    </tbody>
  </table>
</body>
</html>
```

Tramite le regole di stile CSS abbiamo selezionato tutti i tag *<table>* e abbiamo impostato una proprietà per cui le celle condividono i bordi piuttosto che separarli, per tutti i tag di tipo *<td>* e *<th>* abbiamo impostato oltre ad un bordo di 1 pixel con tratto continuo (*solid*) e di colore nero anche uno spazio tutto intorno di 8 pixel. Vedremo nel seguito del libro i vari modi di integrare HTML e CSS.

Abbiamo tracciato un'ampia panoramica riguardo l'organizzazione del testo in HTML e abbiamo accennato qualcosa sui CSS, nel prossimo capitolo esamineremo ciò che differenza un giornale da un sito Web, i contenuti multimediali e l'interattività.

Multimedialità in HTML

Link

Internet ci ha consentito di sfogliare quotidiani in un nuovo modo infatti ogni sito Web è impostato come un giornale con degli schemi ben definiti. In un giornale non c'è la possibilità di poter usare collegamenti intesi come i link che clicchiamo ogni giorno, non ci possono essere audio o video all'apertura di una pagina ed è questo che ha reso grande ed utile il Web. In questo capitolo useremo e creeremo pagine Web dinamiche e con contenuti multimediali al fine di rendere piacevole l'esperienza utente e di impararne le potenzialità.

I link sono dei riferimenti ad un testo ovvero un ponte che consente di passare da un testo ad un altro oppure da un testo ad un'altra risorsa come un'immagine ad esempio. Tutti abbiamo fatto almeno una volta nella vita una ricerca su un motore di ricerca, esso restituisce dei link (o riferimenti) ad altri testi o risorse.

In HTML è possibile realizzare un link in modo davvero semplice:

```
<a href="http://www.miosito.it/">Vai al sito</a>
```

In questo modo verrà creato un link di cui la parte visibile all'utente è contenuta all'interno del tag infatti l'utente vedrà il testo *Clicca qui* mentre il riferimento, che in questo caso è esterno, è incluso nell'attributo *href*.

Con questo tipo di tag è possibile puntare anche ad altre pagine Web che sono presenti sul nostro PC, nell'esempio seguente faremo riferimento ad un sito esterno, ad una pagina allo stesso livello della pagina che stiamo modificando ed infine ad una pagina tramite percorso assoluto. Per evitare che il browser restituisca un errore di pagina non trovata accertiamoci di creare le pagine Web nel percorso corretto.

17

In particolare creiamo il file denominato *pagina2.html* allo stesso livello della pagina che conterrà i link ed una pagina HTML sotto il percorso *C:*. Il modo di creare le pagine è lo stesso utilizzato fino ad ora.

La nostra pagina che conterrà i link si chiama *pagina1.html* e sarà così definita:

```
<!DOCTYPE html>
<html>
<head>
    <title> Pagina 1</title>
</head>
<body>
    <h1>Benvenuto in pagina 1</h1>
    <a href="http://www.miosito.it/">Vai al sito</a>
    <a href="pagina2.html">Vai a pagina 2</a>
    <a href="/pagina3.html">Vai a pagina 3</a>
</body>
</html>
```

La nostra *pagina2.html* è definita come segue:

```
<!DOCTYPE html>
<html>
<head>
    <title>Pagina 2</title>
</head>
<body>
    <h1>Benvenuto in pagina 2</h1>
</body>
</html>
```

La pagina che si troverà al percorso *C:\pagina3.html* sarà definita così:

```
<!DOCTYPE html>
<html>
<head>
    <title>Pagina 3</title>
</head>
<body>
    <h1>Benvenuto in pagina 3</h1>
</body>
</html>
```

Come hai visto abbiamo già creato un po' di interattività tra le semplici pagine Web e l'utente, questa potrebbe essere la base per un sito, per un'applicazione Web o per tanto altro.

Per il nome dei file è bene darsi delle regole da rispettare in modo da non incappare in errori, è consigliabile sostituire gli spazi bianchi ad esempio con un trattino basso. Un altro consiglio è di usare solo caratteri minuscoli o solo maiuscoli dato che alcuni sistemi operativi sono case-sensitive pertanto interpretano in modo diverso lettere maiuscole e minuscole.

Talvolta è utile creare un link che rimanda ad un elemento della nostra pagina per esempio vogliamo un link al titolo della pagina. Per realizzare ciò dobbiamo aggiungere l'attributo *name* al tag *<h1>* e usare il riferimento tramite *href*.

```
<h1 name="titolo"></h1>
.....
<a href="#titolo">Vai al titolo</a>
```

In questo modo è possibile tornare al titolo (che di solito è in cima alla pagina) tramite un semplice link.

Immagini

Un altro elemento molto importante per il Web sono le immagini che rendono più accattivante e gradevole alla vista una pagina Web, è possibile usarle attraverso il tag *<img>*. Si tratta di un tag senza contenuto ma con almeno due attributi: uno definisce dove si trova fisicamente l'immagine, l'altro definisce un testo da mostrare in caso l'immagine non venga visualizzata. Tale testo risulta particolarmente utile anche per gli ipo-vedenti e i non-vedenti così come per i motori di ricerca che non "vedono" le immagini come noi.

Possiamo includere un'immagine nella nostra pagina usando il suddetto tag:

```
<img src="benvenuto.jpg" alt="Immagine di benvenuto">
```

In questo caso stiamo includendo un'immagine di nome *benvenuto.jpg* che si trova allo stesso percorso della nostra *pagina1.html*, nel caso in cui non sia possibile visualizzarla verrà mostrato il messaggio *Immagine di benvenuto*. E' possibile includere immagini di tipo JPG, GIF o PNG.

Audio

Lo standard HTML ha subito diverse modifiche durante gli anni, la quinta revisione denominata HTML5 e rilasciato a fine 2014 ha portato una serie di novità interessanti per il campo della multimedialità.

In particolare sono stati introdotti i tag *<audio>* e *<video>* che consentono semplicemente di includere file audio e video e sfruttarne tutte le potenzialità. Il tag *<audio>* è composto da un attributo senza valore associato denominato *controls* utile per gestire la riproduzione dei file audio. Sarà possibile riprodurre, interrompere o mandare in avanti o indietro un file audio di diverso tipo come *.mp3* o *.ogg*.

Per includere un audio nella nostra pagina usiamo il seguente codice:

```
<audio controls>
  <source src="benvenuto.mp3" type="audio/mp3">
  <source src="benvenuto.ogg" type="audio/ogg">
  Il browser non supporta il tag audio
</audio>
```

In questo caso il browser tenterà il caricamento della risorsa *benvenuto.mp3* e se il caricamento non andasse a buon fine (file mancante per esempio), tenterà il caricamento della seconda risorsa e così via. Qualora nessun file sia stato caricato verrà mostrato un testo personalizzabile che indica il tipo di errore riscontrato.

Video

Come per il tag relativo all'inclusione di file audio, l'inclusione dei video con HTML5 è stata notevolmente semplificata. E' possibile definire un tag *<video>* e dichiararne l'altezza e la larghezza come attributi, anche in questo tag è presente l'attributo *controls* in modo da gestire la riproduzione del file video.

```
<video width="320" height="240" controls>
    <source src="presentazione.mp4" type="video/mp4">
</video>
```

In questo caso verrà caricata la risorsa *presentazione.mp4* che avrà un'altezza di 240 pixel e larghezza di 320 pixel. E' possibile aggiungere altri due attributi interessanti come *loop* che consente di far ripartire automaticamente il video quando termina e *autoplay* che consente al sito di forzare l'esecuzione automatica del video all'accesso alla pagina. Maggiori saranno le dimensioni del video maggior tempo sarà necessario per il caricamento della pagina.

Questo tag, come il precedente, consente di caricare diversi video in cascata ovvero si effettua il caricamento della prima risorsa definita all'interno del tag *<video>*, qualora ci fossero problemi con la risorsa si passa alla seconda, alla terza ecc. fino a quando è possibile mostrare un messaggio d'errore che descrive il problema riscontrato.

```
<video width="320" height="240" controls autoplay loop>
    <source src="presentazione.mp4" type="video/mp4">
    <source src="presentazione.ogg" type="video/ogg">
    Il browser non supporta il tag video
</video>
```

I formati supportati sono sostanzialmente tre per i video: mp4, webm e ogg mentre per i tag audio sono supportati mp3, wav e ogg. Non tutti i browser sono compatibili con questi formati infatti il formato da preferire per poter visualizzare un video su tutti i browser è mp4 mentre per gli audio è preferibile usare mp3.

Sino ad ora abbiamo imparato molto su HTML e visto poco CSS infatti è fondamentale imparare dapprima come costruire una struttura e poi come renderla piacevole all'occhio umano. La creazione della struttura tuttavia non è molto difficile e, come avrai visto, è davvero semplice unire gli elementi per creare una pagina Web. Aggiungere uno stile che sia coerente, unico e gradevole all'occhio umano non è un compito altrettanto semplice soprattutto in ambito professionale.

Nella prossima sezione andremo ad unire la struttura con lo stile in modo da sfruttare molte delle proprietà che il CSS mette a disposizione. Analizzeremo le proprietà e le regole principali per darti le basi e poter iniziare a lavorare sulla tua pagina Web con stile.

HTML e CSS

In uno degli esempi precedenti abbiamo visto come integrare le regole e classi di stile all'interno dei file HTML, in realtà esistono tre modi diversi di fare ciò che andiamo subito ad analizzare:

- Aggiungere CSS in linea
- Aggiungere CSS tramite tag *<style>*
- Fare riferimento ad un file CSS

Il primo metodo consiste nell'aggiungere le regole di stile direttamente sull'elemento HTML attraverso l'attributo *style*, per esempio potremmo cambiare il font di un elemento HTML in questo modo:

```
<p style="color: red">Un paragrafo rosso</p>
```

Il secondo modo metodo, invece, ha già un livello di astrazione più alto ed è denominato CSS interno. In questo modo si possono inserire delle regole di stile all'interno del tag *<style>* nella sezione *<head>* della pagina Web. Si tratta di un livello di astrazione più alto perché dobbiamo definire delle regole valide per tutti i tag ed evitiamo che, come nel caso di CSS in linea, si faccia riferimento ad un singolo elemento. Questo tecnica l'abbiamo già adottata precedentemente e ne riportiamo l'esempio:

```
<!DOCTYPE html>
<html>
<head>
    <title>Titolo della pagina</title>
    <style>
        table {
            border-collapse:collapse
        }
        td, th {
            border:1px solid black;
            padding:8px;
        }
    </style>
</head>
<body>
    <table>
        <caption>
            <p>Tabella dati</p>
        </caption>
        <thead>
            <tr><th>Colonna 1</th><th>Colonna 2</th></tr>
        </thead>
        <tfoot>
            <tr><td>Footer 1</td><td>Footer 2</td></tr>
        </tfoot>
        <tbody>
            <tr><td>Dato 1,1</td><td>Dato 1,2</td></tr>
            <tr><td>Dato 2,1</td><td>Dato 2,2</td></tr>
            <tr><td>Dato 3,1</td><td>Dato 3,2</td></tr>
        </tbody>
    </table>
</body>
</html>
```

Nei CSS è bene uniformare le regole e cercare di renderle generiche in modo che tutti gli elementi dello stesso tipo abbiano lo stesso stile creando coerenza. Immagina se in un sito il pulsante "Conferma ordine" sia rosso e il pulsante "Annulla ordine" sia verde, probabilmente questo stile sarebbe fuorviante dato che ti aspetteresti il contrario.

L'ultimo modo per includere regole di stile CSS all'interno di un file HTML è quello di includere un file CSS esterno. Questo file sarà unico e conterrà le stesse informazioni per tutte le pagine in modo da garantire la separazione tra livello di presentazione e livello strutturale. A questo fine definiremo un file con estensione *.css* che chiameremo *style.css* che nel nostro caso conterrà:

```css
/* Definisco gli stili per la pagina */
body {
  background-color: lightblue;
}

h1 {
  color: white;
  text-align: center;
}

p {
  font-family: verdana;
  font-size: 20px;
}

/* Uso direttiva @-rules */
@media print {
    h1 {
        color: yellow;
    }
}
```

La nostra pagina HTML farà riferimento a questo file tramite il tag *<link>* all'interno della sezione *<head>*:

```html
<!DOCTYPE html>
<html>
<head>
    <link rel="stylesheet" href="styles.css">
    <title>Titolo della pagina</title>
</head>
<body>
    <h1>Titolo</h1>
    <p>Paragrafo</p>
</body>
</html>
```

E' fondamentale prestare attenzione al file CSS perché oltre a trovarsi nel percorso giusto <u>non deve</u> contenere al tag HTML al suo interno. Il tag *<link>* è specifico per l'inserimento di CSS e, come visto in precedenza, l'attributo *href* definisce un percorso nel quale trovare la risorsa, in questo caso un file CSS. Il file può essere una risorsa esterna (riferimento ad un sito), può trovarsi in un'altra cartella rispetto alla pagina o può trovarsi allo stesso livello della pagina.

E' buona norma separare i file HTML dai file CSS infatti in molti siti troverete una cartella denominata *css* o *style* per indicare la raccolta delle regole di stile.

Per utilizzare al meglio i CSS è fondamentale conoscere tutti i tipi di selettori che mette a disposizione. Come abbiamo visto nell'esempio i selettori consentono di selezionare gli elementi a cui vogliamo applicare lo stile :

Selettore	Esempio	Descrizione
.class	.note	Seleziona tutti gli elementi con classe note
#id	#codiceFiscale	Seleziona tutti gli elementi con id="codiceFiscale"
*	*	Seleziona tutti gli elementi
elemento HTML	p	Seleziona tutti i tag <p>
elemento, elemento	div, p	Seleziona tutti i tag <p> e tutti i <div>
elemento elemento	div p	Seleziona tutti i tag <p> dentro <div>
elemento > elemento	div > p	Seleziona tutti i tag <p> che hanno <div> come padre
elemento + elemento	div + p	Seleziona tutti i tag <p> che sono definiti subito dopo un tag <div>
elemento ~ elemento	div ~ p	Seleziona tutti i tag <p> preceduti da un <div>
[attributo]	a[href]	Seleziona tutti i tag di tipo <a> che hanno un attributo href
[attributo=valore]	a[href="pagina2.html"]	Seleziona tutti i tag di tipo <a> con l'attributo href pari a pagina2.html
::after	p::after	Inserisci qualcosa dopo il contenuto del tag <p>
::before	p::before	Inserisci qualcosa prima del contenuto del tag <p>
:disabled	input:disabled	Seleziona tutti i tag di tipo <input> disabilitati
:focus	input:focus	Seleziona tutti i tag di tipo <input> che hanno il focus
:hover	input:hover	Seleziona tutti i tag di tipo <input> su cui è posizionato il mouse
:nth-child	p:nth-child(3)	Seleziona tutti i tag <p> che è il secondo figlio del padre
:visited	a:visited	Seleziona tutti i tag <a> su cui è stato fatto click

Questa tabella descrive alcuni dei selettori più usati in CSS pertanto è bene tenerli a mente per conoscerli quando necessario applicare stili più o meno complessi al nostro sito o applicazione Web.

Entriamo nel vivo del CSS e vediamo alcune proprietà interessanti per cambiare e modificare lo sfondo, il testo, bordi, margini, tabelle e la posizione degli elementi.

Colori ed immagini

Iniziamo con il cambiare il colore dello sfondo di un tag o di un elemento ma prima di fare questo è doveroso approfondire il tema sui colori, in particolare su come è possibile usarli. In HTML è possibile usare i colori tramite un nome standard definito per alcuni colori come *black, red, orange, violet* ma anche *aqua, beige, coral* ecc. Un altro modo che è possibile usare riguarda i loro valori RGB, HEX, HSL così come i corrispettivi con il canale dedicato alla trasparenza quindi RGBA e HSLA.

Lo stesso colore può essere rappresentato con diversi modelli di colore e considerando il colore rosso elenchiamo la sua definizione nel modello RGB, HEX, HSL ed i corrispondenti RGBA e HSLA.

In RGB si misurano i valori di rosso, verde e blu presenti in un colore, per il colore rosso questa terna di numeri sarà (255, 0, 0) dove 0 rappresenta l'assenza dei colori verde e blu e 255 l'intensità massima del colore rosso.

Nel modello HEX o esadecimale il colore è rappresentato da una stringa che è il frutto della concatenazione dell'intensità del rosso, del verde e del blu. Se nel modello RGB i valori oscillavano tra 0 e 255 qui oscillano tra *00* e *ff* pertanto il colore rosso sarà definito come *#ff0000* ad indicare l'intensità maggiore di rosso e l'assenza di verde e blu.

Nel modello HSL si valuta il colore, la saturazione e la luminosità, il primo parametro varia da 0 a 360 e il valore 0 rappresenta il rosso. Per indicare il colore rosso standard e non una sua variante la terna sarà (0, 100%, 50%). La saturazione assume valori da 0 a 100 dove 0 indica sfumature di grigio e 100 indica il colore vivo, anche la luminosità assume gli stessi valori dove 0 indica il nero e 100 il bianco.

In RGBA e HSLA si aggiunge un quarto parametro che indica la trasparenza ed il suo valore varia da 0.0 cioè totalmente trasparente a 1.0 cioè totalmente opaco ovvero per niente trasparente.

Fatta questa premessa sui colori possiamo creare una pagina dove creiamo diversi paragrafi con sfondi diversi in modo diverso. Useremo il CSS in linea dato che si tratta di uso didattico.

```
<!DOCTYPE html>
<html>
<head>
    <title>Titolo della pagina</title>
</head>
<body>
    <p style="background-color:red">Paragrafo rosso</p>
    <p style="background-color:rgb(255,0,0)">Paragrafo rosso RGB</p>
    <p style="background-color:#ff0000">Paragrafo rosso HEX</p>
    <p style="background-color:hsl(0,100%,50%)">Paragrafo rosso HSL</p>
    <p style="background-color:rgb(255,0,0,0.5)">Paragrafo rosso RGBA</p>
    <p style="background-color:hsl(0,100%,50%,0.5)">Paragrafo rosso HSLA</p>
</body>
</html>
```

Nell'esempio abbiamo creato una pagina con lo stesso paragrafo rosso ma con modelli di colore diversi, gli unici due esempi diversi sono RGBA e HSLA che pur mostrando il colore rosso, l'effetto trasparenza al 50% rende il colore simile ad un rosa salmone come è possibile vedere dall'immagine seguente.

In questo esempio abbiamo mostrato come modificare lo sfondo di un elemento HTML, ma se vogliamo modificare lo sfondo di un intera sezione? Uno dei tag più utilizzati in HTML per la creazione di layout è senza dubbio il *<div>* che, nonostante l'aggiunta in HTML5 di tag più appropriati semanticamente, continua ad essere largamente usato al posto dei tag *<nav>, <header>, <section>, <aside>*. Un *<div>* può essere usato come contenitore di più elemento come in questo caso per creare uno sfondo uniforme:

```
<!DOCTYPE html>
<html>
<head>
    <title>Titolo della pagina</title>
</head>
<body>
    <div style="background-color:red">
        <p>Paragrafo rosso</p>
        <p>Paragrafo rosso RGB</p>
        <p>Paragrafo rosso HEX</p>
        <p>Paragrafo rosso HSL</p>
    </div>
</body>
</html>
```

Il risultato è rappresentato dall'immagine seguente:

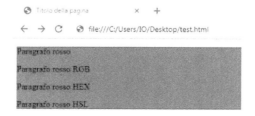

Possiamo anche utilizzare un'immagine per lo sfondo di un elemento HTML infatti tramite la proprietà *background-image* possiamo inserire un'immagine come sfondo. La sintassi è molto semplice e consigliamo sempre di utilizzare delle immagini che non disturbino la lettura del testo.

Possiamo anche utilizzare altre proprietà come *background-repeat* che consentono di ripetere l'immagine in orizzontale tramite il valore *repeat-x* oppure in verticale tramite il valore *repeat-y*.

Ecco un esempio di codice HTML e CSS che include un'immagine:

```
<!DOCTYPE html>
<html>
<head>
    <style>
        body {
            background-image: url("immagine.png");
            background-repeat: repeat-x;
        }
    </style>
</head>
<body>

<h1>Benvenuto!</h1>
<p>Questa pagina contiene un'immagine ripetuta in modo orizzontale!</p>

</body>
</html>
```

Il risultato di questo codice, dopo aver opportunamente salvato l'immagine è:

Il risultato potrebbe non soddisfarci con questa immagine pertanto possiamo impostare l'immagine come a tutto schermo e senza ripetizione:

```
<!DOCTYPE html>
<html>
<head>
    <style>
        body {
            background-image: url("immagine.png");
            background-repeat: no-repeat;
            background-size: cover;
        }
```

```
        </style>
</head>
<body>

<h1>Benvenuto!</h1>
<p>Questa pagina contiene un'immagine a pieno schermo!</p>

</body>
</html>
```

Il risultato adesso sembra essere molto più accattivante, ricorda che è molto importante la risoluzione dell'immagine con operazioni di questo tipo infatti immagini di dimensioni ridotte possono facilmente sgranarsi quando vengono ingrandite. Nel mio caso, infatti, l'immagine di dimensioni 500x332 pixel è stata ingrandita ma risulta sgranata sul mio monitor con risoluzione 1280x1024 pixel, certamente un'immagine adeguata non avrebbe portato ad un simile risultato ma implicherebbe di certo tempi di caricamento più elevati.

Adesso il nostro codice ingrandisce l'immagine di nome *immagine.png* e che si trova nella stessa cartella della pagina HTML generando questo:

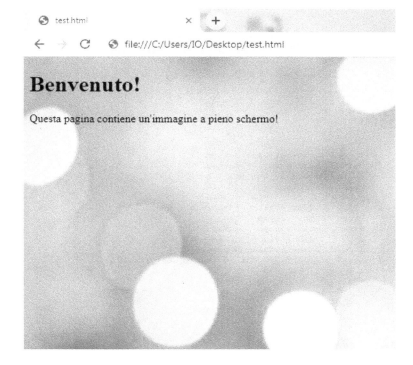

Bordi e margini

Vediamo ora come tracciare il contorno degli elementi HTML tramite la proprietà *border* che abbiamo visto in parte nell'esercizio con le tabelle. Per definire un bordo ci sono numerosi modi e proprietà correlate, il più semplice ed immediato è con la definizione in forma contratta:

```
<!DOCTYPE html>
<html>
<head>
    <style>
        p {
            border: 1px solid red;
        }
    </style>
</head>
<body>

<h1>Benvenuto!</h1>
<p>Questo paragrafo ha un bordo!</p>

</body>
</html>
```

Nella regola appena definita abbiamo dato uno spessore di 1 pixel al bordo, un tipo di linea continua ed il colore rosso. Lo spessore del bordo lo definiamo a nostro piacere e anche lo stile della linea così come il colore possono variare. In particolare abbiamo diversi stili di linea che nell'esempio successivo mostreremo usando il concetto di classe. Una classe in HTML indica un attributo che specifica uno o più nomi di classi per un elemento HTML, nel nostro caso aggiungeremo una classe per ogni stile di bordo.

```
<!DOCTYPE html>
<html>
<head>
    <style>
        p.dotted {border-style: dotted;}
        p.dashed {border-style: dashed;}
        p.solid {border-style: solid;}
        p.double {border-style: double;}
        p.groove {border-style: groove;}
        p.ridge {border-style: ridge;}
        p.inset {border-style: inset;}
        p.outset {border-style: outset;}
        p.none {border-style: none;}
        p.hidden {border-style: hidden;}
        p.mix {border-style: dotted dashed solid double;}
    </style>
</head>
<body>
    <h2>Lo stile del bordo</h2>
    <p>Cambio il bordo con le classi CSS</p>

    <p class="dotted">Bordo tratteggiato</p>
    <p class="dashed">Bordo tratteggiato</p>
    <p class="solid">Bordo continuo</p>
    <p class="double">Bordo doppio</p>
    <p class="groove">Bordo 3D</p>
    <p class="ridge">Bordo 3D</p>
    <p class="inset">Bordo 3D</p>
    <p class="outset">Bordo 3D</p>
```

```
        <p class="none">Nessun bordo</p>
        <p class="hidden">Bordo nascosto</p>
        <p class="mix">Bordo misto</p>
    </body>
</html>
```

Il risultato di questo codice sarà il seguente:

I bordi sono molto usati all'interno delle pagine Web per dividere contenuti, come abbiamo visto nelle tabelle, per separare sezioni distinte o semplicemente per indicare che sta iniziando un nuovo argomento.

Con le regole di stile CSS possiamo definire dei margini per creare uno spazio tutto intorno uno o più elementi. Possiamo definire un margine uguale per tutti i quattro lati oppure un valore diverso per ogni lato oppure un margine di 10 pixel in alto e in basso e di 5 pixel al lato destro e sinistro. Per fare ciò useremo la proprietà *margin* che viene usata come forma contratta di *margin-top, margin-bottom, margin-right, margin-left*. Impostando la proprietà *margin* a 10 pixel, verranno automaticamente impostate tutte queste proprietà con il valore 10 pixel.

```
<!DOCTYPE html>
<html>
<head>
    <style>
        p {
            border: 1px solid black;
            background-color: yellow;
            margin: 10px;
        }
    </style>
</head>
<body>
        <h2>Uso del margine</h2>

        <p>Questo è un paragrafo</p>
</body>
</html>
```

Il risultato sarà quanto mostrato in figura:

Uso del margine

Questo è un paragrafo

Come puoi notare abbiamo inserito un bordo di 10 pixel pertanto il bordo sinistro e destro sono rientrati rispetto ai precedenti paragrafi ma esiste anche un bordo di 10 pixel in alto e in basso.

Le regole che seguono sono utili per definire rispettivamente:

- un margine in alto e in basso e un margine ai lati
- un margine in alto, uno per i lati e uno in basso
- un margine in alto, uno per il lato destro, uno per il margine in basso e uno per quello a sinistra

```
p { margin: 25px 50px; }
p { margin: 25px 50px 75px;}
p { margin: 25px 50px 75px 100px; }
```

Questa forma è equivalente all'uso delle proprietà *margin-top, margin-bottom, margin-right, margin-left* ma è più concisa e facile da ricordare, il mio trucco per ricordarlo è il verso dell'orologio a partire dalle ore 12 che coincide con il top ovvero il primo valore che la proprietà *margin* può assumere.

Sino ad ora abbiamo utilizzato sempre i pixel come unità di misura ma in realtà esistono anche altri valori che possono essere usati per le proprietà CSS come pixel abbreviato in px, punti abbreviato in pt, centimetri abbreviato in cm oppure è possibile usare delle percentuali tipo 10%, 50% ecc.

Posizionare gli elementi

Fino a non molto tempo fa le pagine erano concepite principalmente per i desktop e con l'avvento degli smartphone l'esperienza utente e i layout hanno necessitato delle modifiche. Esplorare una pagina desktop su un cellulare è abbastanza frustrante in quanto i contenuti non sono ottimizzati per lo schermo. Attualmente la situazione è migliorata e possiamo contare su siti responsive così come sulle AMP di Google per ottenere pagine veloci ma soprattutto pagine che si presentano bene senza dover fare zoom in e zoom out.

Il browser adatta in modo automatico le dimensioni della sua area di visualizzazione anche detto *viewport* per visualizzare al meglio la pagina. Per creare un sito responsive ovvero in modo che i suoi contenuti si adattino alla dimensione dello schermo dobbiamo inserire un particolare tag nella sezione *head* della nostra pagina:

```
<meta name="viewport" content="width=device-width, initial-scale=1.0">
```

Questo tag in sostanza comunica al browser di usare come larghezza del contenuto della pagina la larghezza effettiva del dispositivo e con zoom pari a 1. Questo si tratta di un piccolo accorgimento che migliora di molto l'esperienza utente ma ricorda che per creare davvero dei contenuti fruibili anche da mobile e tablet bisogna progettare un'apposita interfaccia utente per poter adattare al meglio i contenuti. Adattare i contenuti talvolta vuol dire anche mostrare meno contenuti su uno smartphone rispetto ad un desktop.

E' fondamentale a questo punto introdurre il *box model* ovvero come colui che gestisce la presentazione degli elementi all'interno della pagina, in particolare ogni box comprende un numero di componenti di base. Partendo dall'esterno abbiamo i margini, i bordi, il padding e l'area del contenuto. Il margine serve per staccare un elemento da quelli adiacenti, il bordo è circondato dal margine, il padding indica uno spazio vuoto tra bordo e contenuto infine l'area del contenuto è lo spazio in cui si trova l'elemento qualunque esso sia, immagine, testo, video o altro.

Ora che siamo in grado di creare e stilizzare degli elementi o un gruppo di elementi vediamo quali posizioni possono assumere, in particolare esamineremo la proprietà *position* che può assumere i seguenti valori: *static, relative, fixed, absolute*.

Iniziamo con il valore di default infatti quando non viene esplicitata questa proprietà il suo valore è *static* ovvero gli elementi vengono posizionati seguendo il normale flusso della pagina. Tutti i *<div>* che abbiamo creato fino ad ora e gli altri elementi avevano implicitamente questa proprietà già impostata.

Un'altra possibilità è il valore *relative* che sostanzialmente viene usato per portare l'elemento nella sua posizione normale ma, a differenza di *static,* sono valide le regole *top, left, right* e *bottom* per spostare l'elemento in alto, a sinistra, destra o in basso. In questo modo gli altri elementi non si adatteranno per colmare gli spazi lasciati da questo elemento.

Di seguito proponiamo un esempio:

```html
<!DOCTYPE html>
<html>
<head>
    <style>
        div.relative {
            position: relative;
            left: 50px;
            border: 2px solid darkred;
        }
    </style>
</head>
<body>

<h2>Uso della proprietà position</h2>

<div class="relative">
    Questo elemento ha position: relative;
</div>

</body>
</html>
```

Il risultato sarà quello mostrato nell'immagine seguente:

Uso della proprietà position

Questo elemento ha position: relative;

Se vogliamo posizionare un elemento in modo relativo alla finestra del browser possiamo usare il valore *fixed*. Come per la proprietà precedente possiamo posizionare l'elemento tramite le proprietà *top*, *left,right, bottom*. La differenza consiste nel riadattare gli altri elementi. Nell'esempio seguente creeremo un piccolo *<div>* in alto a destra che invita l'utente ad aprire una chat.

```html
<!DOCTYPE html>
<html>
<head>
    <style>
        div.fixed {
            position: fixed;
            top: 0;
            right: 0;
            width: 150px;
            margin: 20px;
            text-align: center;
            border: 2px solid darkred;
        }
    </style>
</head>
<body>
```

```
<h2>Uso della proprietà position</h2>
<p>Prova a ridimensionare la pagina</p>

<div class="fixed">
    <a href="chat.html">Accedi alla chat</a>
</div>

</body>
</html>
```

Il codice mostrato consente di creare un'interfaccia utente di questo tipo:

Provate a ridimensionare la pagina e noterete come la sezione per accedere alla chat resti sempre fissa in alto a destra. Nell'esempio avrai notato che il testo è stato centrato all'interno del box ed anche questo è frutto di una regola CSS: *text-align*. Questa proprietà può assumere il valore *left* (predefinito), *right* (per allineare a destra), *center* (per allineare il testo al centro), *justify* (per spaziare il contenuto in modo da adattarsi alla linea), *inherit* (per ereditare il valore della proprietà dal genitore).

L'ultimo tipo di posizione per la proprietà *position* è *absolute*, con questo valore l'elemento si sottrae al normale flusso del documento ed è posizionato tramite le proprietà *top, left, right, bottom*. Il posizionamento avviene sempre rispetto al box contenitore dell'elemento ovvero dal padre. E' consigliato impostare almeno la larghezza per i contenitori con questo tipo di valore. In questo caso le proprietà *top, left, right, bottom* si comportano non come coordinate ma come una distanza, come se fossero dei margini.

Di seguito riportiamo un esempio di questo valore:

```
<!DOCTYPE html>
<html>
<head>
    <style>
        div.relative {
          position: relative;
          width: 400px;
          height: 200px;
          border: 3px solid #73AD21;
        }

        div.absolute {
          position: absolute;
          top: 80px;
          right: 0;
          width: 200px;
          height: 100px;
          border: 3px solid #73AD21;
        }
    </style>
</head>
<body>

    <h2>Uso della proprietà position</h2>
    <p>Un elemento con position: absolute; è posizionato in modo relativo al
genitore più vicino.</p>

    <div class="relative">Questo div ha position: relative;
      <div class="absolute">Questo div ha position: absolute;</div>
    </div>

</body>
</html>
```

Il risultato di questo esempio è riportato in figura:

Uso della proprietà position

Un elemento con position: absolute; è posizionato in modo relativo al genitore più vicino.

Grazie ad HTML5 c'è stata la definizione di nuovi tag e soprattutto la ridefinizione della struttura di una pagina al fine di dividerla in aree logiche distinte. Avrai probabilmente visitato dei blog su Internet, questo è il tipico caso in cui trovi delle pagine che necessitano di un markup ben strutturato e HTML5 ci aiuta in questo.

Nell'immagine seguente vediamo la struttura di un blog in HTML5 in modo da vedere quali sono le sezioni che la compongono e quali tag usare:

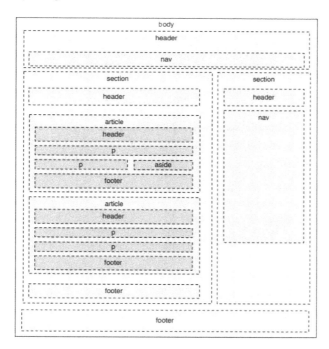

Il tag header è il primo tag della struttura e non bisogna confonderlo con i titoli che inseriamo nei tag *<h1>*, *<h2>*, *<h3>* ecc. Questo tag è solitamente usato per includere un menu all'interno del sito o comunque un modo di navigazione per questo include il tag *<nav>* che è di vitale importanza.

Come avrai già fatto in qualità di utente è difficile non navigare all'interno di un sito perché spesso non troviamo le informazioni che cerchiamo sulla homepage o siamo spinti dalla curiosità ad esplorare. Nel tag *<nav>* del sito possiamo includere una lista di link ad altre pagine in modo da creare un menu per la navigazione che potremo stilizzare tramite CSS. Il menu può anche essere integrato nel footer della pagina ovvero la parte posta più in basso infatti spesso troviamo una serie di collegamenti soprattutto nei siti istituzionali. Di seguito trovi il footer di una marca di abbigliamento sportivo che contiene dei menu per permettere all'utente di trovare ciò che cerca:

PRODOTTI	SPORT	COLLEZIONI	INFO SULL'AZIENDA	ASSISTENZA
Scarpe	Juventus	Yeezy		Aiuto
Abbigliamento	Real Madrid		Chi siamo	Consegna
Outlet	Pogba scarpe	ZX Flux	Lavora con noi	Resi e rimborsi
			Stampa	Tabelle taglie
Scarpe da trail running	Maglie Calcio	P.O.D System	Sconto Studenti	Trova un negozio
Scarpe da running	Giacche	Y-3		Mobile Apps
Scarpe customizzate	Bomber adidas	Tubular	**MORE**	Sitemap
Scarpe bianche	Cappotti e Parka		Eyewear	Procedure europee di
Scarpe de Calcetto	Giacche a Vento	Calendario Lanci	Attrezzatura Training	risoluzione delle controversie
			micoach	Imprint
			Carta Regalo	

Italy   Impostazioni cookie | Privacy Centre | Cookies | Informativa sulla privacy | Termini e Condizioni

Le parti principali della struttura sono senza dubbio rappresentate da *<article>* e *<section>* infatti rappresentano le aree logiche centrali del sito. Il tag *<article>* descrive il contenuto effettivo di una pagina come una notizia, un evento ecc mentre la *<section>* si riferisce alla parte logica con tutti i suoi contenuti correlati. Immagina la sezione dedicata allo sport del calcio in un giornale e agli articoli per ogni match disputato, la prima rappresenta il tag *<section>* mentre gli articoli il tag *<article>*.

Nelle sezioni *<aside>* e *<sidebar>* sono posti di solito contenuti extra come il link a dei documenti utili, la locandina di un evento, diagrammi o link correlati. In alcuni casi in questa sezione vengono posti dei collegamenti per i social network in modo da incrementare la popolarità del brand.

Form

Se hai in mente di progettare un sito Web che ha il compito di raccogliere dei dati dagli utenti devi saper creare un form cioè una serie di campi dedicati a collezionare e gestire dati inseriti dall'utente.

Vediamo come si compone un form:

```html
<!DOCTYPE html>
<html>
<head>
</head>
<body>

    <h1>Inserisci i tuoi dati</h2>
    <form method="post" action="valida.php">

        <!-- CASELLE DI TESTO -->
        Nome<br>
        <input type="text" name="nome"><br>
        Cognome<br>
        <input type="text" name="cognome"><br>

        <!-- SELECTBOX -->
        Paese<br>
        <select name="paese">
        <option value="I">Italia</option>
        <option value="E">Estero</option>
        </select><br>

        <!-- RADIO -->
        Sesso<br>
        <input type="radio" name="sesso" value="M"> M<br>
        <input type="radio" name="sesso" value="F"> F<br>

        <!-- CHECKBOX -->
        Tipo di lavoro<br>
        <input type="checkbox" name="lavoro" value="A"> Artigiano<br>
        <input type="checkbox" name="lavoro" value="D"> Dirigente<br>
        <input type="checkbox" name="lavoro" value="I"> Impiegato<br>
        <input type="checkbox" name="lavoro" value="O"> Operaio<br>

        <!-- TEXTAREA -->
        Commenti o domande<br>
        <textarea name="commenti" rows="5" cols="30"></textarea>
        <br><br>

        <!-- SUBMIT -->
        <input type="submit" name="invia" value="Invia i dati">
    </form>

</body>
</html>
```

Questo form consente di raccogliere alcuni dati dal cliente e avrai notato che nelle prime righe si fa' riferimento a *valida.php* cioè questi dati verranno inviati ad un funzione scritta in linguaggio PHP che li validerà e li inserirà nel database ma questo non è oggetto di questo libro. Concentriamoci sulla struttura appena creata dal punto di vista dell'interfaccia utente.

In HTML5 sono stati aggiunti dei nuovi tipi di input utili a gestire diversi tipi di dati, ad esempio le date. Aggiungiamo il campo data di nascita al nostro form:

```html
<label for="data_nascita">Data di nascita</label>
<input type="date" name="data_nascita" id="data_nascita" value="1980-12-11">
```

In questo modo verrà mostrato un piccolo calendario per selezionare la data di nascita e che avrà come data selezionata l'11 dicembre del 1980. Come puoi notare la sintassi è davvero chiara e semplice.

Vogliamo anche aggiungere il campo relativo all'email dell'utente, potremmo aggiungerlo come campo di tipo testuale ma possiamo fare di meglio. HTML5 ha creato un tipo relativo all'email infatti se da desktop può sembrare un semplice campo di testo in realtà la differenza è sui dispositivi mobile. Verrà mostrata infatti una tastiera dedicata all'inserimento delle mail e che mette subito a disposizione il simbolo della chiocciola e alcune estensioni come *.com*.

```html
<label for="email">Email</label>
<input type="email" name="email" id="email">
```

Un altro campo interessante riguarda i colori infatti è possibile disporre di un classico *color-picker* che ti consente di selezionare un colore. Potresti decidere di far scegliere all'utente il colore dell'interfaccia e cambiare le tue regole di stile in base al colore scelto.

```html
<label for="style_color">Colore interfaccia</label>
<input type="color" name="style_color" id="style_color">
```

Talvolta è utile fornire all'utente un suggerimento sul valore da inserire nel campo descritto, infatti, adesso chiederemo una password all'utente e vedremo come i caratteri digitati saranno oscurati e tramite l'attributo *placeholder* forniremo un suggerimento all'utente. In particolare vogliamo che la password fornita sia esattamente di 6 caratteri.

```html
<label for="password">Password</label>
<input id="password" type="password" name="password" value="" autocomplete="off"
placeholder="6 caratteri" />
```

In questo caso abbiamo aggiunto anche un altro attributo che è *autocomplete*, tale attributo consente al browser di prevedere il valore in modo che vengano fornite delle opzioni al cliente per riempire il campo. Questo attributo funziona con il tipo testo, data, email ecc. pertanto se inserendo il campo nome può essere utile l'auto-completamento, sul campo password questa funzione deve essere necessariamente disabilitata.

E' possibile anche inserire un numero di telefono in modo intelligente così come per il campo email. Grazie a questo metodo verrà mostrata agli utenti che si collegano da mobile una tastiera che contiene esclusivamente numeri ed il carattere +. Nell'esempio che mostreremo a breve inseriamo anche ulteriori vincoli come il formato del numero e l'attributo *required* che marca come obbligatorio il campo del form.

Per il formato del numero l'attributo *pattern* valida il valore inserito secondo un'espressione regolare.

```
<label for="cel">Inserisci il tuo numero di cellulare:</label>
<input type="tel" id="cel" name="cel" pattern="[0-9]{3}-[0-9]{7}" required>

<span class="note">Formato: 333-1234567</span>
```

Esistono anche altri attributi utili per i campi di input come: *maxlength* che indica il numero massimo di valori che è possibile inserire e *minlength* indica il numero minimo di valori che è possibile inserire.

Attualmente per la validazione dei campi di un form è molto usato JavaScript che è un linguaggio di programmazione abbastanza semplice ma che probabilmente non conosci ancora. La nostra speranza come sviluppatori Web è quella di creare uno standard sulla base del quale continuare a costruire ed innovare per rendere la vita più semplice agli sviluppatori ma soprattutto agli utenti, ancor più a coloro che hanno disabilità. Ricorda sempre che il sito che stai creando non verrà usato soltanto da te ma ci saranno moltissime altre persone che potrebbero usarlo, pensa ai siti più famosi di e-commerce.

Quando i browser supporteranno tutti le funzionalità per la convalida incorporata dei dati, seguendo uno standard comune, gli utenti avranno perfettamente la stessa *user experience* attraverso tutti i siti che visiteranno con messaggi chiari e coerenti uguali per tutti i form.

Credo che non ci siano ancora abbastanza sforzi da parte dei browser di creare uno standard comune forse perché in questo modo si potrebbe ridurre di molto la competizione tra di loro. Ne è una testimonianza il fatto che per alcuni selettori sono necessarie diverse definizioni per ogni browser, per Chrome, Android iOS e Safari esiste il prefisso *-webkit-,* per Mozilla Firefox esiste *-moz-,* per Internet Explorer *-ms-* ed infine per Opera esiste *-o-.*

Nella seguente classe CSS mostriamo come si dovrebbe implementare un semplice bordo per tenere in considerazione tutti i browser:

```
.classe {
    -moz-border-radius: 2em;
    -ms-border-radius: 2em;
    -o-border-radius: 2em;
    -webkit-border-radius: 2em;
    border-radius: 2em;
}
```

Conclusioni

In questo lungo viaggio abbiamo imparato molto su HTML e CSS, abbiamo visto da dove nascono, cosa sono diventati e i vari modi per costruire un'interfaccia utente. Quello che può sembrare un compito semplice in realtà non lo è infatti dietro ogni sito progettato bene c'è il lavoro di molte persone, grafici, sviluppatori Web e tanti altri. HTML5 ha portato grandi innovazioni come abbiamo potuto vedere per la gestione di audio e video e punta a migliorare la semantica dei siti Web, migliorare l'interfaccia utente così come l'accessibilità al fine di creare applicazioni Web migliori. In tutto questo però ci sono ancora degli ostacoli da superare come l'uso di vecchie versioni di Internet Explorer che non supportano tutte le funzionalità offerte da HTML5 e CSS3 così come rappresenta un ostacolo l'uso di molti tag deprecati.

La sfida principale è per gli sviluppatori dei browser, oltre che devono fornire supporto e creare le condizioni adatte per la continua evoluzione verso questi standard. Gli sviluppatori, invece, devono progettare nuove interfacce sfruttando le nuove tecnologie in modo da fornire un prodotto migliore all'utente in modo che possa essere fruito nel migliore dei modi.

HTML5 continua a lavorare sul campo della multimedialità per supportare nuovi formati audio e video, sulle animazioni ma si tratta comunque di un prodotto molto maturo che, a meno di funzionalità molto importanti, mette già a disposizione tutto il necessario per creare siti e applicazioni Web di qualità.

Ci auguriamo che tu possa aver imparato ad utilizzare HTML e CSS grazie a questo libro, ti ricordo che il miglior modo per diventare un bravo sviluppatore Web è quello di esercitarsi tanto, solo così potrai stimolare la tua curiosità ed imparare nuovi tag HTML e nuove proprietà CSS che ti saranno certamente utili. Fissa un obiettivo, ad esempio la realizzazione di un sito Web personale, in modo da restare allenato e sfruttare ciò che hai imparato.

JavaScript

Tutti siamo d'accordo sul fatto che i PC offrono un enorme vantaggio all'uomo e principalmente in termini di tempo e affidabilità. Tutti siamo in grado di calcolare 15x2,07x35, personalmente ci impiego qualche minuto con carta e penna ma un PC ci impiega pochi millisecondi.

Ovviamente abbiamo bisogno di comunicare al computer e pertanto è necessario un linguaggio di programmazione che può essere ad alto livello o a basso livello. Per basso livello si intende un linguaggio più vicino a quello macchina quindi pensiamo ad *Assembly*, per alto livello si intende un linguaggio più astratto e vicino all'uomo come JavaScript.

Ti potrà sembrare tutto nuovo soprattutto se sei nuovo nell'ambito della programmazione ma sappi che JavaScript esiste dal 1995 pertanto possiamo parlare di un linguaggio maturo e molto diffuso.

Imparerai a creare parti di codice funzionante e ti insegnerò a capire come individuare gli errori facendo il debug riga per riga.

JavaScript oggi viene usato per la logica di presentazione all'interno di pagine *HTML* o *JSP* pertanto è molto diffuso sia lato client ma anche lato server soprattutto negli ultimi anni con i vari framework come *Node.js*. Su questo linguaggio di programmazione, infatti, si sono sviluppati molti framework come *Angular*, *React*, *Vue.js*, *Node.js*, *Backbone.js* e tanti altri.

A chi si rivolge il libro

Questo libro si rivolge a studenti, webmaster o semplicemente a persone curiose di conoscere e approfondire questo linguaggio di programmazione. E' gradita la conoscenza, seppur minima, di come funziona una pagina Web, cos'è l'*HTML* e il *CSS* in modo da capire come si integra JavaScript.

In questo e-book partiremo dalle basi senza dare nulla per scontato ma prediligiamo una finalità pratica piuttosto che tanta teoria. Svolgeremo alcuni esercizi che ti daranno modo di comprendere meglio il linguaggio e la sua struttura.

Dov'è il codice?

I riferimenti al codice verranno evidenziati con un font `monospaziato` e colori diversi in modo da evidenziare le parole chiavi di JavaScript. Le porzioni di codice saranno auto-consistenti o faranno riferimenti a programmi già spiegati in capitoli o paragrafi precedenti.

I programmi si presenteranno nella seguente forma:

```javascript
function fattoriale(n) {
    if (n == 0) {
        return 1;
    } else {
        return fattoriale(n - 1) * n;
    }
}
```

Tramite l'uso di un commento seguito da una freccia mostreremo l'output di una funzione o del codice proposto come segue:

```javascript
console.log(fattoriale(10));
// -> 3628800
```

Requisiti

JavaScript è uno dei linguaggi di programmazione che tutti gli sviluppatori Web dovrebbero conoscere perchè insieme ad *HTML* e *CSS* racchiude gli elementi principali per una pagina o un'applicazione Web.

L'HTML si occupa del contenuto delle pagine create mentre il CSS si occupa del layout delle pagine create, tra questi si inserisce JavaScript che definisce il comportamento delle pagine.

Per questo motivo ribadisco che è gradita la conoscenza dei linguaggi di scripting citati al fine di avere maggiore sicurezza e prontezza nell'afferrare i concetti.

Non ci sono invece requisiti per il PC dato che ci sono ambienti disponibili anche online quindi anche un PC datato può andare bene per seguire questo e-book mentre se volete installare un IDE che fornisca auto-completamento e funzionalità avanzate vi suggerisco di avere almeno 4 GB di RAM liberi.

Per i curiosi suggerisco i seguenti IDE: Visual Studio Code, WebStorm e Atom.

Le basi

Quasi la totalità dei siti Web che visitiamo oggi utilizza Javascript o un framework da esso derivato, un effetto su un'immagine, un carosello di immagini, delle pop-up mostrate per informazioni aggiuntive o conferma di un'operazione. Tutto questo è frutto dell'uso di questo linguaggio e della sua integrazione con la struttura della pagina e il layout fornito dal CSS.

Javascript è un linguaggio compatto ma davvero flessibile e versatile. Si può iniziare da piccole porzioni di codice fino a creare giochi, applicazioni intere, grafiche 3D o addirittura database.

Cos'è JavaScript?

Javascript è lo strumento che consente ad ogni sviluppatore Web di esprimere al meglio la sua creatività in quanto permette la realizzazione di una interfaccia accattivante e interattiva.

Ricorda che sotto ogni finestrella per la chat e sotto ogni qualsiasi elemento in movimento all'interno di una pagina Web c'è un file Javascript.

Una classica architettura delle applicazioni Web presuppone l'utilizzo di almeno due macchine distinte: un *server* ed un *client*.

Quando Javascript viene usato lato client, di solito, viene eseguito su un browser che a sua volta lo interpreta ovvero decodifica quello che abbiamo scritto e lo mostra in una pagina del browser.

La pagina o il file contente il codice per il client viene fornito da un server Web che può anche non essere scritto in Javascript, sono comuni infatti server Web che utilizzano *ASP, Java* o altri linguaggi di programmazione.

Javascript è un linguaggio che non richiede la compilazione ovvero esiste un interprete anche detto *motore di scripting* che traduce le istruzioni in istruzioni comprensibili dal nostro elaboratore. L'assenza di un compilatore porta subito all'esecuzione del codice scritto rendendo talvolta più veloce il ciclo di vita fino all'esecuzione.

Il motore utilizzato da Javascript è integrato direttamente nel browser e questo consente di intercettare e gestire facilmente gli eventi del browser e poterci interagire. Pensiamo ad esempio alle caselle di input che diventano di colore rosso se inseriamo dati sbagliati oppure semplicemente al click per confermare un'azione.

Javascript è un linguaggio di programmazione orientato agli oggetti e agli eventi cioè tutto in questo linguaggio viene rappresentato come un oggetto, l'istanza di una classe unica e separata dalle altre. Questo modello di programmazione rende la realtà più facile da rappresentare in quanto possiamo definire un oggetto `Macchina` composto da 4 istanze della classe `Ruota`.

Inoltre una modellazione di questo tipo consente una migliore manutenzione dell'applicazione garantendo riusabilità e modularità delle classi create.

In questo paragrafo andiamo ad analizzare quali sono i punti di forza di Javascript e perchè preferirlo ad altre soluzioni.

Javascript consente un rapido sviluppo grazie ad una sintassi semplice e concisa e ad una curva di apprendimento bassa questo vuol dire che è semplice da usare.

Come discusso precedentemente Javascript è un linguaggio interpretato e molto veloce specialmente lato client, questo garantisce un'ottima interoperabilità perchè basta inserirlo in una pagina Web e siamo certi che funzionerà con qualsiasi browser e qualsiasi sistema operativo.

In questo modo avremo la certezza che l'interfaccia utente sarà uguale per tutti e potremo riempire alcune caselle di input in modo dinamico, ad esempio un elenco di comuni per una data provincia oppure, creare un avviso per campi errati o mancanti.

Infine lo scambio dei dati nella tua applicazione sarà davvero semplice in quanto potrai ricevere o inviare dati senza dover ricaricare la pagina ad ogni interazione. Interessante vero?

Riepilogando raggruppiamo i vantaggi principali:

- Velocità di esecuzione lato client
- Interattività con l'utente
- Compatibilità con tutti i browser
- Velocità di sviluppo
- Scambio dei dati

Uno dei grandi svantaggi di Javascript, che purtroppo si ripercuote sulla sicurezza della pagina Web, è dato dalla possibilità di vedere il codice che il browser andrà ad eseguire. Questo incide negativamente in quanto non potremo salvare dati di accesso o credenziali all'interno dei nostri file .*js* (estensione dei file Javascript).

Un altro problema che puoi riscontrare sono gli errori o eccezioni lanciate dal browser. Quando viene riscontrato un errore automaticamente è impossibile continuare la visualizzazione della pagina, in questo senso è fondamentale una buona gestione degli errori da parte del programmatore ed i browser stanno diventando più tolleranti nei confronti degli errori Javascript.

Infine essendo un linguaggio di scripting ha capacità limitate, per ragioni di sicurezza, per cui è necessario ricorrere ad altri linguaggi ad esempio Java (pensiamo ad operazioni hardware).

Nel prossimo capitolo esamineremo le differenze tra Java e Javascript e perché bisogna saperli distinguere, hanno un nome simile ma attenzione, non sono la stessa cosa.

Ci sono due scenari possibili a questo punto dell'e-book:

1. Sei un programmatore che ha utilizzato Java e sai cos'è
2. Non hai mai avuto a che fare con questo linguaggio

In ogni caso ti consigliamo di proseguire nella lettura del capitolo perchè in entrambi i casi scoprirai le differenze tra i due linguaggi e capirai a cosa servono.

Java è un linguaggio di programmazione nato nel 1995 che si avvale di un processore virtuale su cui vengono eseguiti i programmi. Questo processore virtuale non è altro che un interprete che traduce i programmi scritti in un linguaggio che il nostro PC può comprendere.

Con Java è possibile programmare per il Web tramite le applet ma nel 1995 iniziarono subito a notare dei limiti nelle interazioni con le azioni dell'utente infatti ben presto nacque Javascript.

Oggi le applet sono in disuso e Java viene usato principalmente per applicazioni a sé stanti o per le classiche funzionalità lato server.

I due linguaggi hanno in comune la possibilità di eseguire le proprie applicazioni in browser, entrambi possono essere usati lato server (pensiamo a server Web come *WebSphere*) ed infine entrambi hanno librerie e framework che agevolano i programmatori garantendo riusabilità e modularità del codice.

Le similarità sono davvero poche se confrontate alle differenze che stiamo per spiegare. Si tratta di differenze sostanziali nonostante l'etimologia possa sembrare uguale. La prima differenza consiste nell'ambiente di esecuzione di Java che può anche essere una macchina virtuale mentre Javascript viene eseguito soltanto su un browser.

Se conosci Java sai che si tratta di un linguaggio interpretato, l'abbiamo anche accennato precedentemente, ma non è del tutto vero. Java, a differenza di Javascript, viene compilato prima dell'esecuzione generando un *bytecode* ed in questa fase si accorge di eventuali errori nel codice scritto. Grazie agli IDE l'individuazione di errori è molto semplice, infatti spesso capita di non aver scritto bene il nome di una classe e il nostro codice riporta una serie di errori.

Un'altra differenza risiede nella natura di Java che essendo un linguaggio di programmazione può creare applicazioni stand-alone invece Javascript deve essere necessariamente incluso in una pagina HTML. La curva di apprendimento, infatti, è diversa tra i due linguaggi: basti pensare che in Java ci sono diversi *tipi di dato* per rappresentare dei numeri (*byte, short, int, long, float, double*) invece in Javascript esiste semplicemente *number*.

La sintassi di Java e Javascript è simile a quella del linguaggio C e C++ quindi abbiamo i blocchi *if...else, while, for ecc.* ma Java è fortemente tipizzato al contrario di Javascript che non lo è. Questo si traduce una sintassi più articolata e forse difficile da ricordare per Java ma davvero semplice ed efficace per Javascript.

Programmare in Javascript

Dove inserire il codice

Iniziamo ad utilizzare Javascript e abbiamo due scenari possibili: in una pagina HTML, fuori da una pagina HTML o utilizzare la console di un qualsiasi browser. Suggeriamo la lettura di tutti i metodi proposti in quanto possono rivelarsi tutti utili e per capirne le differenze.

Nella pagina HTML

L'HTML è un linguaggio di markup usato per la creazione di pagine Web, i suoi elementi sono i blocchi che costruiscono la pagina e sono rappresentati da *tag*. Esistono diversi tipi di tag e devi pensare la tua pagina come un giornale considerando un titolo, sottotitolo, paragrafo ecc. ma arricchito di contenuti multimediali come audio e video. Ogni tag è composto ed inizia per parentesi angolari <> e termina con </>.

Una pagina Web minimale è formata in questo modo:

```
<!DOCTYPE html>
<html>
<head>
<title>Titolo della pagina</title>
</head>
<body>


<h1>Testata principale</h1>
<p>Paragrafo</p>


</body>
</html>
```

Puoi creare un qualsiasi file di testo con quanto riportato e poi cambiare l'estensione del file in *.html*, io ho creato il mio file *welcome.html*.

Le prime due righe del file identificano che si tratta di una pagina HTML poi abbiamo due sezioni principali: *head* e *body*. Nella prima sezione ci sono tutte le meta-informazioni legate al documento ad esempio, l'autore della pagina, il titolo ecc., nella seconda sezione ci sono gli elementi che visualizzeremo. Il tag *<h1>* identifica di solito la testata principale, mentre il tag *<p>* identifica un paragrafo.

Ecco come si presenta questa pagina Web:

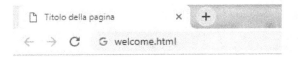

Testata principale

Paragrafo

La pagina che abbiamo creato non contiene ancora del codice Javascript, vediamo dove e come inserirlo nella nostra pagina. Il codice deve essere inserito all'interno dei tag *<script></script>* e può essere incluso nella sezione può essere incluso nella sezione *head* o *body* della nostra pagina.

Andiamo ad inserire adesso un nuovo paragrafo tramite Javascript e non tramite tag nella sezione *head:*

```html
<!DOCTYPE html>
<html>
<head>
<title>Titolo della pagina</title>

<script>
function cambiaParagrafo() {
  document.getElementById("parag").innerHTML = "Nuovo paragrafo";
}
</script>
</head>
<body>

<h1>Testata principale</h1>
<p id="parag">Paragrafo</p>
<button type="button" onclick="cambiaParagrafo()">Cambia paragrafo</button>

</body>
</html>
```

Abbiamo aggiunto una sezione al tag *head* che contiene il nostro codice Javascript con la funzione *cambiaParagrafo*. La funzione recupera dalla pagina tutti gli elementi con *id* pari a *parag* e ne cambia il testo. Questa funzione viene attivata al click sul pulsante definito nel tag *<button>* in modo che al click su tale pulsante venga cambiato il testo.

Salviamo il file con queste modifiche e lo riapriamo dal browser oppure, se già aperto, basterà ricaricare la pagina per vedere i nuovi elementi inseriti. Dopo aver premuto il pulsante dovrebbe apparire questo:

Adesso proviamo a spostare il codice Javascript dalla sezione *head* alla sezione *body*. La pagina continuerà a funzionare come ci aspettiamo e mostrerà gli stessi elementi.

Ecco come si presenta adesso la nostra *welcome.html*:

```html
<!DOCTYPE html>
<html>
<head>
<title>Titolo della pagina</title>
</head>
<body>

<h1>Testata principale</h1>
<p id="parag">Paragrafo</p>
<button type="button" onclick="cambiaParagrafo()">Cambia paragrafo</button>

<script>
function cambiaParagrafo() {
  document.getElementById("parag").innerHTML = "Nuovo paragrafo";
}
</script>
</body>
</html>
```

Ok, ma se non ci sono differenze nell'aspetto e nelle funzionalità quale devo usare? Perchè inserire il codice in una sezione piuttosto che nell'altra?

Se desideri che uno script venga eseguito con degli eventi (ad esempio il click dell'utente) allora è meglio porre i tag *<script></script>* all'interno della sezione *head*. Se invece il codice Javascript genera dei contenuti visibili ad esempio un paragrafo, un'immagine o altro è preferibile inserirlo all'interno della sezione *body*.

Immaginiamo di avere un sito ricco di elementi probabilmente useremo un approccio misto ovvero avremo dei tag *<script></script>* in entrambe le sezioni e dovremo prestare attenzione a cosa inserire. Inserendo del codice alla fine della sezione *body* migliora la velocità di visualizzazione dato che il codice verrà valutato solo quando tutto è stato già costruito. Questo approccio, però, ha un grande problema correlato: il browser non può far partire altri download finché il *document* non è stato completamente interpretato.

Per ovviare a questo problema viene spesso adottato un altro metodo di inclusione degli script ovvero viene posto tutto il codice Javascript in uno o più file esterni.

Un altro metodo di inclusione del codice Javascript all'interno di una pagina HTML è tramite la creazione di un file con estensione *.js*, in tal modo la pagina scaricherà il file ed interpreterà il codice.

Adesso creiamo il file *codice.js* che conterrà semplicemente la nostra funzione come segue:

```
function cambiaParagrafo() {
  document.getElementById("parag").innerHTML = "Nuovo paragrafo";
}
```

Nota bene che il file *codice.js* non deve contenere alcun tag *<script></script>* altrimenti l'interprete non sarà in grado di proseguire. Il file creato, per semplificare, deve essere creato nella stessa alberatura del file *welcome.html* in modo da non specificare tutto il percorso.

La nostra pagina HTML adesso si presenta in questo modo:

```
<!DOCTYPE html>
<html>
<head>
<title>Titolo della pagina</title>
</head>
<body>

<h1>Testata principale</h1>
<p id="parag">Paragrafo</p>
<button type="button" onclick="cambiaParagrafo()">Cambia paragrafo</button>

<script src="codice.js"></script>
</body>
</html>
```

Ancora una volta le funzionalità e l'aspetto della pagina sono inalterati ma abbiamo usato un file esterno che potrà essere riusato per altre pagine. Questa tecnica è molto diffusa ed utile nei siti Web dove alcune pagine condividono degli elementi, delle componenti o degli stili per dare uniformità al sito stesso.

Questa tecnica ha anche altri vantaggi in quanto separa lo strato relativo alla logica da quello di presentazione, rende più facile la manutenzione e la leggibilità e, infine sfruttando la cache dei file Javascript è possibile velocizzare la visualizzazione delle pagine.

Quando si sviluppano siti di grandi dimensioni è consigliabile creare una cartella che raggruppa tutti i file Javascript ad esempio io ho creato la cartella di nome *js* che contiene il mio file *codice.js*.

In questo modo devo inserire il percorso come segue:

```
<script src="/js/codice.js"></script>
```

Console del browser

Oltre a moltissimi IDE disponibili online e davvero ben fatti come https://stackblitz.com/ e https://jsfiddle.net/ che consentono di creare pagine Web e vederne l'anteprima real-time è possibile usare la console del proprio browser per brevi funzioni che ad ogni modo non vengono trascritte sui file in locale.

Personalmente utilizzo spesso questa tecnica quando voglio fare dei test direttamente in pagina, approfondiremo questo tema nella sezione dedicata al debug di questo e-book. Per ora è sufficiente sapere che ogni browser consente di utilizzare una console per ispezionare variabili Javascript, definirne di nuove ecc.

Per il browser Chrome è sufficiente premere il tasto F12 per aprire un pannello che mostra la console, in questo caso abbiamo semplicemente stampato a video un testo:

Anche per il browser Mozilla è sufficiente premere il tasto F12 per aprire il pannello dedicato agli sviluppatori dove si trova anche la console Javascript. In questo caso abbiamo definito una variabile a cui abbiamo dato il valore della stringa 'Pippo':

Per tutti gli altri browser, così come per Chrome e Firefox, il tasto chiave per attivare le funzioni dedicate agli sviluppatori è F12 e dovrebbe comparire un pannello simile a quelli mostrati.

Ora che sappiamo dove inserire il codice che scriviamo e come farlo eseguire al nostro PC addentriamoci nella definizione di variabili, funzioni, eventi array e tanto altro.

Statement e variabili

Le righe di codice che compongono il tuo codice sono detti *statement* quindi è importante sapere che in Javascript non è obbligatorio inserire il *punto e virgola (;)* per terminare ogni statement.

In ogni caso raccomando di usarlo sempre perchè così si evitano comportamenti indesiderati soprattutto quando si è alle prime armi con il linguaggio e, vi assicuro, vi farà risparmiare molto tempo.

In Javascript i commenti sono definiti così come in Java quindi possono essere commenti su linea singola o multipla come segue:

```
// Questo è un commento su linea singola


/* Commento

   righe

   multiple */
```

Javascript dispone di 5 tipi di dato primitivi:

1. Numeri
2. Stringhe
3. Booleani
4. null
5. undefined

Inoltre è disponibile un tipo di dato complesso a cui si riconduce tutto, gli oggetti. Praticamente qualsiasi dato è riconducibile ad un oggetto, infatti, le funzioni, gli array e addirittura i tipi di dato primitivi hanno oggetti corrispondenti. Questo potrà non sembrare nuovo a coloro che hanno già dimistichezza con Java.

Vediamo da vicino questi tipi di dati e partiamo il nostro excursus dai numeri, è molto semplice e facile da ricordare la definizione di una variabile in Javascript:

```
// Definisco alcune variabili


var primo     = 1;

var secondoNeg = -2;

var dimezzato  = 0.5;
```

Tra i numeri ci sono dei valori particolari come `Infinity` e `-Infinity`, questi valori vengono utilizzati quando si va oltre il range che parte da -1.79769*10308 e arriva a 1.79769*10308. Un altro valore particolare è `NaN` che viene usato quando, per esempio, si cerca di eseguire una divisione che ha una stringa come dividendo e un valore numerico come divisore.

```
'dividimi' / 10

// -> NaN
```

Una stringa può essere dichiarata in questo linguaggio tramite apici singoli o doppi:

```
var stringa1 = 'Prova';

var stringa2 = "Prova";
```

Continuando con la creazione di stringhe potremmo imbatterci in eccezioni del tipo:

```
var stringa = ''italia è bella';
// -> VM19502:1 Uncaught SyntaxError: Unexpected identifier
```

Questo errore è dovuto alla mancanza di un carattere di *escape* infatti Javascript crede che la stringa contenga soltanto il carattere *L* ma essendo seguito da altri caratteri non rispetta la sintassi quindi genera un errore.

Provvediamo quindi a correggere l'errore inserendo il carattere \ prima dell'apice che genera l'errore:

```
var stringa = 'l\'italia è bella';
// -> undefined
```

Come possiamo notare l'assegnazione non ha restituito alcun errore ma restituisce *undefined* che è un altro tipo di dato. Questo indica, in realtà, un valore inesistente ovvero non definito ed è tipicamente assegnato alle variabili senza alcuna inizializzazione.

Un altro tipo di dato particolare è *null* in quanto prevede solo il valore *null* e indica che nessun valore è stato assegnato ad una variabile ad esempio:

```
var stipendio = null;
```

Gli ultimi due tipi di dati discussi, *undefined* e *null* possono sembrare la stessa cosa ma in realtà non lo sono. Essi vengono sempre valutati con il valore booleano *false,* appartengono alla categoria dei *falsy value* e, rappresentano cose diverse. Il primo viene usato per indicare una variabile dichiarata ma non definita mentre il secondo rappresenta un valore assegnato ovvero niente.

L'ultimo tipo di dato è quello booleano che prevede soltanto due valori: *true* o *false:*

```
var luceAccesa;
luceAccesa = false;
luceAccesa =  ;
luceAccesa = 'spenta';
luceAccesa = null;
```

Come abbiamo già avuto modo di discutere nei capitoli precedenti Javascript ha una tipizzazione debole pertanto un codice come quello dell'esempio verrà accettato dall'interprete. Proprio per questo motivo è necessaria più attenzione rispetto ad un linguaggio fortemente tipizzato in quanto non ci sono errori da parte del compilatore che ci avvertono.

In qualsiasi momento è possibile verificare il tipo di una variabile tramite l'operatore *typeof*:

```
typeof 'Pippo'
// -> "string"
typeof true
// -> "boolean"
typeof 12.6
// -> "number"
```

Gli array sono strutture dati molto usate nella programmazione in quanto consentono di raggruppare elementi che hanno delle affinità tra di loro. Una volta definiti gli elementi che ne fanno parte è possibile accedere direttamente ad ogni elemento e possiamo utilizzare questa struttura dati per creare dei cicli ad esempio un ciclo *for* che stampa il nome di ogni mese dell'anno:

```javascript
const MESI_ANNO = [
'Gennaio',
'Febbraio',
'Marzo',
'Aprile',
'Maggio',
'Giugno',
'Luglio',
'Agosto',
'Settembre',
'Ottobre',
'Novembre',
'Dicembre'];
// -> undefined


// Seleziono il primo mese
MESI_ANNO[ ]
// -> "Gennaio"


for (var i =  ; i < MESI_ANNO.length; i++) console.log(MESI_ANNO[i]);
// -> Gennaio
// -> Febbraio
// -> Marzo
// -> Aprile
// -> Maggio
// -> Giugno
// -> Luglio
// -> Agosto
// -> Settembre
```

```
// -> Ottobre
// -> Novembre
// -> Dicembre
```

Come si può notare la numerazione degli indici, così come in Java, parte da zero pertanto la lunghezza del nostro array sarà pari a 11.

Gli array possono essere omogenei o eterogenei quindi composti da elementi dello stesso tipo oppure no, in questo caso il nostro array è di tipo omogeneo in quanto tutti gli elementi che lo compongono sono stringhe.

Un array di tipo eterogeneo contiene elemento di tipo diverso per esempio:

```
var array_eterogeneo = ["pippo", null, false, 12.6, 'paperino'];
```

Consideriamo una espressione come *7 – 4 = 3*, in questo caso 7 e 4 sono detti operandi ed il simbolo '-' è detto operatore. In JavaScript è possibile utilizzare diversi tipi di operatori, si parte dagli operatori aritmetici, operatori logici, assegnazione e operatori di condizione anche detti ternari.

Di seguito elenchiamo gli operatori aritmetici che sono anche i più semplici da utilizzare:

- + (Addizione)
- - (Sottrazione)
- * (Moltiplicazione)
- / (Divisione)
- % (Modulo)
- ++ (Incremento)
- -- (Decremento)

Possiamo provare questi operatori aritmetici all'interno della console del nostro browser come esempi seguenti:

```javascript
var a = ... ;
var b = . ;

console.log('Somma: ' + (a + b));
// -> Somma: 32.5

console.log('Differenza: ' + (a - b));
// -> Differenza: 12.5

console.log('Moltiplicazione: ' + (a * b));
// -> Moltiplicazione: 225

console.log('Divisione: ' + (a / b));
// -> Divisione: 2.25

console.log('Modulo: ' + (a % b));
// -> Modulo: 2.5

console.log('Incremento a = ' + ++a);
// -> Incremento a = 23.5
```

```
console.log('Decremento b = ' + --b);
// -> Decremento b = 9
```

Da notare che abbiamo inserito le parentesi per far interpretare correttamente l'espressione ovvero volevamo stampare a video una stringa che contenesse il nome dell'operazione seguito dai due punti e dal valore dell'operazione aritmetica, nel caso in cui non avessimo inserito le parentesi avremmo avuto una stringa del tipo:

```
var a = 22.5;
var b = 10;

console.log('Somma: ' + a + b);
// -> Somma: 22.510
```

Ci sono anche degli operatori detti di *comparazione* che restituiscono i valori vero o falso in base al risultato dell'operazione. Adesso vediamo con degli esempi pratici come vengono utilizzati:

```
var a = 10;
var b = 8;

// Confronta l'uguaglianza del valore
console.log(a == b);
// -> false

// Confronta l'uguaglianza del valore e del tipo
console.log(a ==="10");
// -> false

console.log(a ===10);
// ->true

// Confronta la disuguaglianza del valore
console.log(a != b);
// ->true
```

```javascript
// Confronta se il valore a sinistra è maggiore di quello di destra
console.log(a > b);
// ->true


// Confronta se il valore a sinistra è maggiore o uguale a quello di destra
console.log(a >= b);
// ->true


// Confronta se il valore a sinistra è minore di quello di destra
console.log(a < b);
// -> false


// Confronta se il valore a sinistra è minore o uguale a quello di destra
console.log(a <= b);
// -> false
```

L'ultima categoria di operatori che andiamo a descrivere adesso sono gli operatori logici ovvero quegli elementi che collegano due proposizioni nell'algebra di Boole:

- L'operatore logico AND (simbolo &&)
- L'operatore logico OR (simbolo ||)
- L'operatore logico NOT (simbolo !)

L'operatore AND verifica che entrambi i valori alla sua sinistra e alla sua destra contengano un valore valido ovvero non sia 0, *false, undefined, null* o stringa vuota.

L'operatore OR si accerta che almeno uno dei due operatori contenga un valore valido mentre l'operatore NOT nega una condizione.

```javascript
var a = true;
var b = false;


console.log(a && b);
// -> false


console.log(a || b);
// ->true
```

```
console.log(!b);
// ->true
```

Adesso che sappiamo come comparare valori e come eseguire alcune semplici operazioni passiamo a creare un flusso di controllo ovvero iniziamo ad aggiungere della logica più complessa ai nostri programmi in modo da renderli più completi e funzionali.

Esistono diversi tipi di gestione del flusso e probabilmente se hai avuto modo di usare altri linguaggi di programmazione ne sai già qualcosa. I costrutti che affronteremo ci permetteranno di eseguire delle azioni in base ad alcune decisioni, eseguire una serie di azioni finché si verifica una condizione di uscita o gestire le eccezioni che potrebbero verificarsi.

Pensiamo ad una funzione Javascript che attribuisce un'etichetta all'età di una persona, in particolare vogliamo che restituisca 'Ventenne' se l'età varia da 20 a 29 anni, 'Trentenne' se varia da 30 a 39, 'Quarantenne' se varia da 40 a 49 e così via.

La funzione potrebbe essere implementata così:

```
function etichettaEta(eta){
    if(eta>=20 && eta<30){
            console.log('Ventenne');
    }
    else if(eta>=30 && eta<40){
            console.log('Trentenne');
    }
    else if(eta>=40 && eta<50){
            console.log('Quarantenne');
    }
    else if(eta>=50 && eta<60){
            console.log('Cinquantenne');
    }
}


etichettaEta(25);
// -> Ventenne


etichettaEta(58);
// -> Cinquantenne
```

Come potete notare l'implementazione è davvero semplice e parlante, è possibile inserire un solo *if* senza un blocco *else,* un blocco *if...else,* oppure un blocco *if* seguito da tanti else come in questo caso.

Questa implementazione è abbastanza semplice e facile da leggere ma sappiate che è possibile anche utilizzare uno *switch*.

Lo switch si avvale dell'uso della parola chiave *case* per individuare il blocco corretto da eseguire, *default* per individuare il blocco da eseguire quando nessuna condizione è stata rispettata ed infine *break* che serve a terminare il blocco corrente ed uscire dalla funzione.

Lo switch rende il codice più leggibile quando ci troviamo davanti a più *if* a cascata.

Andiamo a riscrivere la funzione precedente con uno switch:

```javascript
function etichettaEta(eta){
    switch(eta){
    case20:
    case21:
    case22:
    case23:
    case24:
    case25:
    case26:
    case27:
    case28:
    case29:
        console.log('Ventenne');
    break;
    case30:
    case31:
    case32:
    case33:
    case34:
    case35:
    case36:
    case37:
    case38:
    case39:
        console.log('Trentenne');
    break;
    .....
    default:
    console.log('Non classificato');
    }
}


etichettaEta(25);
```

```
// -> Ventenne


etichettaEta( );
// -> Cinquantenne
```

Come possiamo notare questo non è facile da leggere come l'esempio precedente ma in alcuni casi, soprattutto quando ci sono pochi elementi, potete usarlo per rendere migliore il vostro codice.

In questo caso abbiamo anche un controllo in più ovvero nel blocco di *default* abbiamo specificato che se l'età che viene data in input alla funzione non è prevista in nessuno dei casi verrà stampato il messaggio *Non classificato*.

Un altro blocco che viene solitamente usato nei linguaggi di programmazione è il *for* che indica di eseguire un blocco di istruzioni per un determinato numero di volte. Un ciclo *for* funziona bene se composto da una condizione di inizializzazione, una condizione di uscita e una condizione di modifica (di solito è l'incremento di un contatore).

È importante definire correttamente la condizione di valutazione e quella di modifica in quanto se non si verifica una condizione di uscita dal ciclo questo può essere eseguito all'infinito.

La classica implementazione di un ciclo di questo tipo prevede che una variabile venga inizializzata a 0 e ad ogni esecuzione del blocco venga incrementata in modo da raggiungere la condizione di uscita.

```
for(i =0; i <5; i++){

    console.log("Il numero è: " + i);

}


// -> Il numero è: 0

// -> Il numero è: 1

// -> Il numero è: 2

// -> Il numero è: 3

// -> Il numero è: 4
```

Il ciclo appena definito inizializza la variabile *i* a 0 ed inizia l'esecuzione del blocco che una volta terminata verifica se la variabile è minore di 5, se lo è viene eseguita la condizione di modifica quindi viene incrementato il valore di *i*. Questo continua finché il valore della *i* sarà pari a 4 perché dopo aver eseguito il blocco viene incrementato di nuovo il valore che adesso è pari a 5, che non rispetta più la condizione del ciclo.

Possiamo anche utilizzare un ciclo di questo tipo per esaminare tutti gli elementi di un array, nel prossimo esempio andremo ad aggiungere delle condizioni *if* all'interno del ciclo. In particolare vogliamo stampare tutte le marche di automobili che iniziano per la lettera 'A'.

```
var marche =["Alfa Romeo","BMW","Audi","Fiat","Nissan","Ford"];

for(marca of marche){

    if(marca.substring(0,1) == 'A'){

        console.log(marca);

    }

}


// -> Alfa Romeo

// -> Audi
```

In questo esempio abbiamo utilizzato un metodo che Javascript mette a disposizione per tutte le stringhe e che restituisce una sottostringa definita tra gli indici specificati. In modo particolare il primo è l'indice di inizio e 0 rappresenta il primo carattere della stringa, mentre 1 rappresenta l'indice di fine.

Gli ultimi due costrutti riguardo i cicli sono davvero semplici e sono il *while* ed il *do...while*. Entrambi si basano sullo stesso principio ovvero verrà eseguito un blocco di istruzioni finché la condizione non sarà verificata.

Adesso replicheremo il ciclo for creato nell'esempio precedente ma utilizzando un ciclo *while*:

```
var i = ;
while(i <  ){
console.log("Il numero è: "+ i);
    i++;
}

// -> Il numero è: 0
// -> Il numero è: 1
// -> Il numero è: 2
// -> Il numero è: 3
// -> Il numero è: 4
```

Come potete notare il risultato è uguale ma la forma è diversa, probabilmente è più compatto e facile da leggere. Viene inizializzata la variabile *i* con il valore 0 e finché il valore non è 5 viene stampato in console il valore attuale, appena il valore è pari a 5 si esce dal ciclo.

Quando utilizzate i cicli <u>ponete particolare attenzione</u> alla condizione di uscita, se volete sperimentare un ciclo infinito vi basterà eliminare la quarta riga dove c'è l'incremento della variabile. Eliminando questa riga il valore non verrà mai incrementato pertanto sarà sempre pari a 0 e quel blocco di codice verrà eseguito tantissime volte in successione. Questo porterà il vostro PC ad uno sforzo notevole e probabilmente dovrete chiudere in modo forzato il vostro browser.

Il ciclo *do...while* è una variante di quello appena usato e le istruzioni nel blocco delimitato dalla parola chiave *do* vengono eseguite finché la condizione non è verificata.

Riscriviamo il ciclo precedente con questo costrutto:

```
var i = ;

do{
    console.log("Il numero è: "+ i);
    i++;
}
while(i <  )
```

L'ultimo costrutto che vedremo in questa sezione ci consente di gestire le eccezioni come la lettura di un file, un metodo non definito, un problema di rete e tante altre possibili eccezioni.

Spesso la gestione degli errori viene trascurata invece si rivela essere un aspetto fondamentale della programmazione in quanto, laddove possibile consente di proseguire l'esecuzione dell'applicazione ed informare l'utente del problema riscontrato.

Le eccezioni sono degli errori che vengono lanciate dall'interprete a runtime e vengono catturate grazie a dei blocchi *try...catch*.

Il funzionamento è molto semplice, esistono due blocchi di codice: il *try* dove scriveremo il codice che può generare errori e il blocco *catch* dove verranno gestiti gli errori qualora si verificassero. Se non si verifica alcun errore durante l'esecuzione del primo blocco verrà ignorato il secondo blocco. Qualora si verificassero degli errori all'interno del primo blocco, le restanti righe di codice del primo blocco non verranno eseguite e verrà eseguito il secondo blocco ovvero il *catch*.

Nell'esempio seguente creeremo un blocco *try...catch* che gestirà come eccezione un metodo non definito.

```
try{
    console.log('Invoco un metodo non definito');
    metodo_inesistente();
}catch(err){
    alert('Si è verificata un\'eccezione!');
}


// -> Invoco un metodo non definito
```

In questo caso abbiamo invocato un metodo che non è stato definito pertanto l'interprete lancia un'eccezione che andiamo a catturare con un messaggio che informa l'utente. Questa finestra di avviso contiene un solo pulsante che ne conferma la lettura.

E' possibile anche utilizzare la variabile *err* (di cui possiamo cambiare il nome) per effettuare un'ispezione dell'oggetto di errore ottenendo informazioni sulla tipologia e da cosa è stato causato.

L'oggetto dell'errore viene offerto da Javascript con delle proprietà:

- Nome dell'errore (nel nostro caso *ReferenceError)*
- Messaggio dell'errore (nel nostro caso *metodo_inesistente() is not defined)*
- Stack delle chiamate che hanno portato all'errore

E' possibile anche nidificare la gestione degli errori cioè si possono verificare delle eccezioni mentre gestiamo un'eccezione, sono dei casi particolari ma per dare un'idea vi proponiamo l'esempio seguente:

```
try{
    try{
        metodo_inesistente();
```

```
        }
    catch(err){
            console.error(err.message);
        }
    }
    catch(err){
        console.error(err.message);
    }


    // ->metodo_inesistente is not defined
```

In questo caso vengono eseguite prima le istruzioni nel primo *try* poi si entra nel secondo *try* e viene generata un'eccezione che è gestita dal primo blocco *catch*.

Vi suggerisco di usare lo *switch* che abbiamo visto prima all'interno di un blocco *catch* in modo da gestire ogni eccezione con un errore personalizzato che possa esserci ancor più d'aiuto. Potreste addirittura di creare una funzione comune da chiamare quando si verifica un'eccezione (vedremo come nella prossima sezione).

```
    try{
        // Istruzioni da eseguire
    }
    catch(ex){
        switch(ex.name){
            case "TypeError":
                console.log("Utilizzare il tipo di dato corretto");
                break;
            case "ReferenceError":
                console.log("Variabile o funzione non definita");
                break;
            case "SyntaxError":
                console.log("Esiste qualche carattere non valido");
                break;
            ...
        }
    }
```

Come potete notare nella gestione delle eccezioni è stato usato un nuovo metodo della console: il metodo error. Questo metodo viene spesso utilizzato per dare risalto agli errori che vengono scritti nella console tanto che, come tutti gli errori, hanno il colore rosso.

Esistono altri metodi della console per stampare dei messaggi e variano in base alla gravità di ciò che si vuole scrivere. I metodi sono *log()* per l'output generale, *info()* che stampa messaggi di informazione, *warn()* per i messaggi che richiedono particolare attenzione ed *error()* che abbiamo già avuto modo di vedere.

Adesso che sappiamo usare gli operatori, memorizzare variabili, gestire il flusso e le eccezioni del nostro codice siamo pronti ad affrontare nello specifico le funzioni in Javascript e come vengono utilizzate.

Le funzioni in Javascript sono composte da un nome che serve per poterle utilizzare quindi innanzitutto è fondamentale definire una funzione per poi poterla usare. La definizione informa l'interprete su qual è il compito che la funzione svolge, l'invocazione serve per consentire alla funzione di svolgere il compito.

Come abbiamo visto nelle definizioni negli esempi precedenti la dichiarazione parte dalla parola chiave *function* seguita dal nome che vogliamo dare alla funzione, seguono le parentesi tonde che racchiudono gli argomenti della funzione. Nelle parentesi graffe invece viene esplicitato il compito che la funzione deve svolgere.

Le funzioni possono avere un valore da restituire oppure no, una funzione che prende in input un messaggio e lo stampa in console non ha bisogno di restituire nulla mentre una funzione che somma dei numeri deve restituire un valore.

Le funzioni possono restituire un valore tramite la parola chiave *return*, pensiamo ad una funzione che somma tutti i numeri di un array:

```
function sommaTutti(array){
var risultato = ;
for(numero of array){
        risultato = risultato + numero;
}

return risultato;
}

var numeri = [ , , , , , , - ];
sommaTutti(numeri);


// -> -4
```

Possiamo anche creare funzioni alle quali non sappiamo esattamente quanti parametri passare, ne possiamo passare un numero indefinito grazie all'array *arguments*. In questo modo potremmo creare una funzione che somma tutti i valori che passiamo come argomenti senza necessariamente avere o creare un array per utilizzare la funzione *sommaTutti*.

Le funzioni in Javascript, come tutto d'altronde, sono riconducibili agli oggetti pertanto sono davvero versatili. Questa peculiarità permette di passare una funzione come argomento di un'altra funzione. La funzione che riceve in input un'altra funzione è anche detta di *ordine superiore*.

Le funzioni passate come parametro di input sono anche dette *callback*, questo è uno dei concetti base di questo linguaggio ed in generale della programmazione funzionale.

Facciamo un esempio pratico: immaginiamo di dover mostrare il voto di un esame del nostro studente ma ovviamente per mostrare il voto deve aver prima sostenuto un esame. Definiamo una funzione che descrive questo scenario:

```
var sostieni_esame = function(){...}
var mostra_voto = function(callback);


// passiamo mostra_voto come parametro di sostieni_esame
mostra_voto(sostieni_esame);
```

In questo caso abbiamo esplicitamente definito una funzione che fa ciò ma questa funzione potrebbe anche non avere un nome pertanto sarebbe una cosiddetta *funzione anonima:*

```
var mostra_voto = function(callback){...};
mostra_voto(function(){...});
```

Come facciamo a sapere quando lo studente ha sostenuto l'esame e quindi mostrare il voto cioè chi ci informa che la prima funzione ha terminato l'esecuzione?

Quando passiamo una funzione in input, possiamo specificare in quale momento vogliamo mandarla in esecuzione. Negli esempi seguenti faremo una richiesta HTTP al nostro server per ottenere quest'informazione:

```javascript
// in questo esempio facciamo una richiesta GET al nostro server ed eseguiamo la
nostra callback quando riceviamo la risposta

var sostieni_esame = function(callback){

    var xmlHttp = new XMLHttpRequest();

    xmlHttp.onreadystatechange = function() {

        if (xmlHttp.readyState ==   && xmlHttp.status ==    ) {

            // quando riceviamo una risposta

            callback(xmlHttp.responseText);

        }

    }

    // true per la chiamata asincrona

    xmlHttp.open("GET", "www.mioserver.com", true);

    xmlHttp.send(null);

}


var mostra_voto = function(esame){

    console.log(esame.voto);

}


mostra_voto(sostieni_esame);
```

Vediamo come si presenta lo stesso programma usando una funzione anonima:

```javascript
// in questo esempio facciamo una richiesta GET al nostro server ed eseguiamo la
nostra callback quando riceviamo la risposta

var sostieni_esame = function(callback){

    var xmlHttp = new XMLHttpRequest();

    xmlHttp.onreadystatechange = function() {

        if (xmlHttp.readyState ==   && xmlHttp.status ==    ) {

            // quando riceviamo una risposta

            callback(xmlHttp.responseText);

        }
```

```
        }
        // true per la chiamata asincrona
        xmlHttp.open("GET", "www.mioserver.com", true);
        xmlHttp.send(null);
    }


    mostra_voto(function(esame){
        console.log(esame.voto);
    });
```

In questo esempio abbiamo usato delle invocazioni asincrone che rappresentano l'essenza della programmazione ad eventi, in questo caso quando viene scatenato l'evento (un esame sostenuto) viene innescata la funzione per mostrare il voto dell'esame.

Nel prossimo paragrafo approfondiremo gli oggetti in Javascript, cosa sono e perché sono davvero importanti e centrali nella natura del linguaggio.

Oggetti

La centralità degli oggetti in Javascript si può comprendere a pieno se pensiamo che tutto ciò che non è un tipo di dato primitivo è un oggetto. Un oggetto è una sorta di contenitore formato da valori che possono essere anche di natura diversa tra di loro ma combinati creano una struttura dati unica.

Nei linguaggi di programmazione orientati agli oggetti un oggetto rappresenta un'entità per esempio uno studente che immaginiamo abbia almeno due proprietà di tipo stringa ovvero nome e cognome e una proprietà di tipo numerico che indica l'età. Uno studente può avere anche delle funzionalità ad esempio studia, scrive, impara.

Da questo esempio possiamo dedurre che ogni oggetto ha delle proprietà e dei metodi e le proprietà possono essere anche altri oggetti, non necessariamente dati primitivi.

```
var studente = {
    nome:"Filippo",
    cognome:"Bianchi",
    indirizzo:{
        via:"Via Principale",
        numero: 1,
        CAP:"00100",
        citta:"Roma"
    }
};
```

Abbiamo anche un altro modo per definire un oggetto: tramite un costruttore. Un costruttore non è altro che una funzione che ci consente di definire degli oggetti con proprietà ben definite.

Potremmo creare un costruttore per il nostro oggetto *studente:*

```
function Studente(nome, cognome, via, numero, CAP, citta) {
    this.nome = nome;
    this.cognome = cognome;
    this.indirizzo = {};
    this.indirizzo.via = via;
    this.indirizzo.numero = numero;
    this.indirizzo.CAP = CAP;
    this.indirizzo.citta = citta;
}
```

```
var studente2 = new Studente('Antonio','Rossi','via Trento', 1, 20100, 'Milano');
```

Prendiamo per buona questa definizione ignorando il significato della parola chiave *this* che spiegheremo a breve. I costruttori sono molto usati in quanto consentono di accentrare la logica in un unico punto piuttosto che creare tutta la struttura dell'oggetto ad ogni nuova istanza.

Nell'esempio precedente abbiamo visto anche come viene creata una nuova istanza dell'oggetto ovvero come possiamo creare un nuovo *studente* tramite l'uso del costruttore.

Possiamo accedere ai valori di un oggetto tramite un approccio detto *dot-notation* quindi ci basterà separare con un punto l'oggetto dalla proprietà che desideriamo recuperare per ottenerne il valore.

Se volessimo ritrovare il valore che abbiamo dato alla proprietà *cognome* della variabile *studente*:

```
studente.cognome


// -> "Bianchi"
```

Introduciamo una nuova proprietà all'oggetto appena definito, vogliamo inserire la media degli esami sostenuti e per Filippo la media è pari a 27,5. Questo approccio è anche detto definizione incrementale ovvero aggiungiamo delle proprietà che non avevamo considerato in fase di definizione dell'oggetto.

```
studente.media-esami=27.5


// -> UncaughtReferenceError: Invalid left-hand side in assignment
```

L'interprete ha rifiutato quest'istruzione, credi che l'errore sia il punto e virgola che manca alla fine della stringa? Il problema non è nella terminazione della stringa dato che il punto e virgola è opzionale ma fortemente raccomandato.

Il problema risiede nel nome della proprietà infatti *media-esami* si scontra con i limiti della dot notation, per ovviare a questo problema potremmo definire la variabile con un nome diverso oppure usare un altro approccio per la definizione utilizzando le parentesi quadre.

```
studente["media-esami"]=27.5;


// -> 27.5
```

Quest'istruzione è valida per l'interprete in quanto capisce che la stringa all'interno delle parentesi sarà il nome della proprietà dell'oggetto *studente*.

Le azioni che un oggetto può compiere sono dei metodi ovvero delle funzioni. Assumiamo di dover costruire una pagina Web che elenchi tutti gli studenti dell'università con nome, cognome e media degli esami. Ci potrebbe essere utile una funzione per l'oggetto *studente* che restituisce i dati richiesti:

```
studente.info = function(){
return this.nome + " " + this.cognome + " " + this["media-esami"];
}
```

In questo modo abbiamo dichiarato una funzione al pari di scrivere, studiare o imparare. Immaginiamo che ogni studente dica il suo nome, il suo cognome e la sua media. Come abbiamo imparato prima abbiamo soltanto definito la funzione ma non l'abbiamo invocata inoltre come avrai notato abbiamo usato la parola chiave *this* che indica l'oggetto a cui si fa' riferimento. Cambiando le proprietà dell'oggetto il metodo appena definito recupererà le informazioni aggiornate:

```
studente.info();


// -> "Filippo Bianchi 27.5"


studente.nome='Antonio';
studente['media-esami'] = 29;
studente.info();


// -> "Antonio Bianchi 29"
```

Classi

Un altro tassello che dobbiamo aggiungere al nostro codice Javascript sono le classi dato che conosciamo già come funziona un costruttore. Una classe Javascript è un modo nuovo di scrivere le funzioni del costruttore usando le proprietà dei *prototipi* delle funzioni.

Cos'è un prototipo di una funzione? Ogni volta che viene definita una funzione in Javascript, l'interprete gli aggiunge la proprietà *prototype* e tutti gli oggetti ereditano proprietà e metodi da *prototype*.

Andiamo quindi a creare la nostra classe *Studente,* avrai notato che ho utilizzato la lettera maiuscola per l'iniziale del nome della classe, questa è una convenzione che conviene mantenere.

```
class Studente {
    constructor(nome, cognome, via, numero, CAP, citta) {
        this.nome = nome;
        this.cognome = cognome;
        this.indirizzo = {};
```

```
        this.indirizzo.via = via;
        this.indirizzo.numero = numero;
        this.indirizzo.CAP = CAP;
        this.indirizzo.citta = citta;
    }


    info() {
        return this.nome + " " + this.cognome + " " + this["media-esami"];
    }

}
```

Dalla classe appena creata puoi notare che sostanzialmente una classe è un modo per raggruppare un costruttore con delle proprietà ed i metodi della classe, abbiamo unito il costruttore e il metodo *info()* creati in precedenza. In questo modo possiamo creare tante istanze della stessa classe senza ridefinire la struttura dato che gli IDE e anche la console dei browser fornisce come suggerimento il nome dei parametri da passare. Vediamo adesso come istanziare un oggetto della classe:

```
var studente2 = new Studente('Antonio','Rossi','via Trento', 1, 20100, 'Milano');
```

La creazione di un oggetto della classe dichiarata è identica a quella del costruttore ma quello che cambia rispetto alla definizione del solo costruttore è che adesso potremo invocare anche il metodo *info()* per la variabile *studente2*.

Questo dimostra quanto il concetto di classe e di costruttore siano davvero vicini tra loro in Javascript ma ci sono alcune cose da tenere in considerazione:

1. il costruttore richiede la parola chiave *new*, per la classe non è obbligatorio
2. se non aggiungiamo un costruttore ad una classe, ne verrà aggiunto uno vuoto di default
3. le dichiarazioni delle classi, al contrario dei costruttori, non sono automaticamente spostate in cima a tutte le istruzioni pertanto il seguente codice funziona:


```
var studente2 = new Studente('Antonio','Rossi','via Trento', 1, 20100, 'Milano');

function Studente(nome, cognome, via, numero, CAP, citta) {
    this.nome = nome;
    this.cognome = cognome;
    this.indirizzo = {};
```

```
  this.indirizzo.via = via;
  this.indirizzo.numero = numero;
  this.indirizzo.CAP = CAP;
  this.indirizzo.citta = citta;
}
```

Mentre il seguente codice restituirà un *ReferenceError:*

```
var studente2 = new Studente('Antonio','Rossi','via Trento',   ,      , 'Milano');

class Studente {
    constructor(nome, cognome, via, numero, CAP, citta) {
      this.nome = nome;
      this.cognome = cognome;
      this.indirizzo = {};
      this.indirizzo.via = via;
      this.indirizzo.numero = numero;
      this.indirizzo.CAP = CAP;
      this.indirizzo.citta = citta;
    }

    info() {
        return this.nome + " " + this.cognome + " " + this["media-esami"];
    }
}

// -> VM64:1 Uncaught ReferenceError: Studente is not defined at <anonymous>:1:17
```

Nota bene che ogni classe può avere al più un solo costruttore e nel caso in cui una classe ne estenda un'altra classe il costruttore della classe figlia può richiamare quello del padre tramite la parola chiave *super* ma lo approfondiremo in seguito.

Le classi possono avere dei metodi cosiddetti *statici* ovvero poniamoci questa domanda quando definiamo un metodo: ha senso invocarlo anche se l'oggetto non è ancora stato costruito? Se la risposta è si allora il metodo che stiamo definendo deve avere la parola chiave *static* come segue:

```
class Studente {
    constructor(nome, cognome, via, numero, CAP, citta) {
        this.nome = nome;
        this.cognome = cognome;
        this.indirizzo = {};
        this.indirizzo.via = via;
        this.indirizzo.numero = numero;
        this.indirizzo.CAP = CAP;
        this.indirizzo.citta = citta;
    }

    info() {
        return this.nome + " " + this.cognome + " " + this["media-esami"];
    }

    static salutaProf() {
        return 'Buongiorno professore';
    }
}

Studente.salutaProf();

// -> "Buongiorno professore"
```

Come possiamo notare abbiamo definito un metodo per ogni studente che serve per salutare un professore al suo arrivo. Questo metodo sarà uguale per tutti gli studenti pertanto può essere usato senza creare un'istanza della classe, proprio come mostrato nell'esempio.
Una classe può disporre anche di metodi per recuperare o impostare i valori delle proprietà tali metodi sono detti rispettivamente *getter* e *setter*.
Di seguito abbiamo creato questi metodi per recuperare e impostare il valore della proprietà *citta* all'interno dell'*indirizzo* :

```
class Studente {
    constructor(nome, cognome, via, numero, CAP, citta) {
```

```javascript
    this.nome = nome;
    this.cognome = cognome;
    this.indirizzo = {};
    this.indirizzo.via = via;
    this.indirizzo.numero = numero;
    this.indirizzo.CAP = CAP;
    this.indirizzo.citta = citta;
}


info() {
    return this.nome + " " + this.cognome + " " + this["media-esami"];
}


static salutaProf() {
    return 'Buongiorno professore';
}


get citta() {
    if (this.indirizzo) return this.indirizzo.citta;
    else return null;
}


set citta(valore) {
    if (valore.length < ) {
        alert("Il nome inserito è troppo corto!");
        return;
    }


    if (this.indirizzo) {
        this.indirizzo.citta = valore;
    } else {
        alert("Indirizzo non definito!");
    }
}
```

```
    }

    var studente = new Studente('Antonio','Rossi','via Trento', 1, 20100, 'Milano');

    studente.citta;

    // -> "Milano"

    studente.citta = 'Bergamo';

    studente.citta;

    // -> "Bergamo"
```

In Javascript è possibile estendere una classe infatti potremmo pensare che la nostra classe *Studente* estenda la classe *Persona*. Nel seguente esempio abbiamo dichiarato queste due classi e per ognuna abbiamo dichiarato alcuni metodi:

```
    class Persona {
        saluta() {
            alert('Ciao!');
        }

        cammina() {
            alert('Sto camminando!');
        }
    }

    class Studente extends Persona {
        saluta() {
            alert('Ciao amico!');
        }

        studia() {
            alert('Sto studiando!');
```

```
        }
    }

    var persona = new Persona();
    persona.saluta();
    // -> "Ciao!"


    var studente = new Studente();
    studente.saluta();
    // -> "Ciao amico!"


    studente.studia();
    // -> "Sto studiando!"


    studente.cammina();
    // -> "Sto camminando!"


    persona.studia();
    // -> Uncaught TypeError: persona.studia is not a function
```

Nell'esempio puoi notare come i metodi della classe figlia *Studente* sovrascrivono i metodi della classe *Persona* motivo per cui il metodo *saluta()* restituisce un messaggio diverso. Il metodo *cammina()* anche se non è stato definito nella classe *Studente* viene eseguito essendo stato definito nella classe padre *Persona*. Il metodo *studia()*, invece, è proprio della classe *Studente* pertanto se invocato su una variabile di tipo *Persona* restituirà l'errore descritto. Come puoi notare l'interprete Javascript restituisce degli errori "parlanti" ovvero ti indirizza facilmente verso il problema, come in questo caso.

Potremmo avere la necessità di verificare qual è la classe di un'istanza e possiamo farlo usando l'operatore *instanceof*. Questo operatore restituisce vero se l'operando alla sua sinistra è un'istanza dell'operando alla sua destra.

```
    persona instanceof Studente
    // -> false


    studente instanceof Studente
    // -> true
```

```
studente instanceof Persona
// -> true
```

In questo caso abbiamo effettuato alcuni test interessanti infatti *persona* non è una istanza della classe *Studente* pertanto l'operatore restituisce falso, *studente* è ovviamente un'istanza della classe *Studente* dato che l'abbiamo creata tramite il suo costruttore.

L'ultimo caso è il più interessante in quanto la variabile *studente* risulta essere un'istanza della classe *Persona* dato che le classi sono correlate tra loro ed in particolare, *Studente* eredita da *Persona*.

L'operatore *instanceof* può essere usato anche sui tipi primitivi infatti:

```
var frutto = new String("ananas");
frutto instanceof String;
// -> true

// adesso non specifico alcun tipo
var frutto2 = "mela";
frutto2 instanceof String;
// -> false
// frutto2 non è un oggetto String

var numero = 12.3;
numero instanceof Number;
// -> false

var numero = new Number(12.3);
numero instanceof Number;
// -> true
```

Sia le classi che i costruttori imitano un modello di ereditarietà orientata agli oggetti in JavaScript, che è un linguaggio di ereditarietà basato su prototipi, come abbiamo visto.

Comprendere l'ereditarietà è fondamentale per essere un bravo sviluppatore JavaScript ed avere familiarità con le classi è estremamente utile, anche in vista dell'uso di framework basati su Javascript.

DOM

Cos'è?

Aprendo una pagina web nel browser, esso recupera il testo HTML della pagina e lo analizza ovvero crea un modello della struttura del documento che utilizza per disegnare la pagina sullo schermo. Questa rappresentazione è una struttura dati che puoi leggere o modificare in tempo reale: quando viene modificata, la pagina sullo schermo viene aggiornata per riflettere le modifiche.

DOM è l'acronimo di Document Object Model e rappresenta una proprietà che abbiamo considerato poco fino ad ora ma che merita un approfondimento. Il DOM indica il documento HTML che viene caricato nella finestra del browser e fornisce la struttura del documento in una vista gerarchica anche detto *albero del DOM.*

Il DOM è quindi composto da nodi e ogni nodo può riferirsi ad altri nodi o figli, che a loro volta possono avere altri figli. Si tratta di strutture nidificate in cui gli elementi possono contenere elementi secondari simili a se stessi. La struttura dati ad albero è molto usata in informatica perché oltre a rappresentare strutture ricorsive come documenti o programmi HTML, sono utili per mantenere set di dati ordinati in quanto garantiscono una rapida ed efficiente lettura ed inserimento di dati.

Un tipico albero ha diversi tipi di nodi così come avviene nel DOM che può contenere diversi tag HTML, che possono avere dei figli a loro volta oppure non averne, i cosiddetti *nodi foglia*. Ogni nodo del DOM contiene un riferimento ai nodi vicini infatti ogni nodo ha una proprietà *parentNode* che fa riferimento al proprio genitore, se presente. Se il genitore non è presente il nodo in questione è detto *radice*.

Riprendiamo la nostra pagina *welcome.html* e dopo averla lanciata nel browser esaminiamone l'aspetto tramite click destro -> Ispeziona.

Il codice HTML della pagina che esamineremo è:

```
<!DOCTYPE html>
<html>
<head>
    <title>Titolo della pagina</title>
</head>

<body>
    <h1>Testata principale</h1>
    <p id="parag">Paragrafo</p>
    <button type="button" onclick="cambiaParagrafo()">Cambia paragrafo</button>
```

```
        <script src="codice.js"></script>

    </body>

    </html>
```

Il corrispondente DOM della pagina sarà rappresentato così:

Il DOM è fondamentale perché ci consente di modificare gli elementi della pagina tramite il codice Javascript. Esistono diversi metodi per recuperare gli elementi e possiamo farlo principalmente tramite *id* o tramite *tag*.

```
var p = document.getElementById("parag");
```

Questo metodo, uno dei più utilizzati per la gestione del DOM, restituisce un oggetto che rappresenta il nodo di tipo elemento che ha l'attributo id con il valore specificato. Se esistono più elementi con lo stesso id viene restituito il primo individuato, se non esiste viene restituito null.

Un metodo analogo è *getElementsByName* che recupera un elenco di nodi della pagina il cui valore dell'attributo *name* corrisponde a quello del parametro.

La differenza tra i due è che il secondo restituisce una lista di nodi mentre il primo restituisce sempre e solo un elemento, se presente.

Un altro modo per recuperare gli elementi è tramite il loro *tag*:

```
var listaParagrafi = document.getElementByTagName("p");
```

In questo modo andremo a recuperare una lista di nodi di tipo paragrafo, specificando il parametro * verrà restituita la lista contenente tutti i nodi che costruiscono la pagina.

Questi metodi ti servono per un accesso diretto ai nodi che vuoi recuperare ma ricorda che puoi navigare all'interno dell'albero anche tramite il loro collegamento padre-figlio tramite la proprietà *parentNode*. Oltre a questa proprietà esiste *firstChild* che punta al primo figlio di un elemento così come *lastChild* punta all'ultimo, metodi particolarmente utili quando si ha una lista di elementi. Nelle liste di elementi potrebbe essere utile accedere ad un elemento adiacente per questo Javascript ci offre i metodi *previousSibling* e *nextSibling* per il nodo rispettivamente prima o dopo.

Mettiamo in pratica quanto visto finora:

```
var paragrafo = document.getElementById("parag");

paragrafo.parentNode


// -> <body>

        <h1>Testata principale</h1>

  <p id="parag">Paragrafo</p>

        <button type="button" onclick="cambiaParagrafo()">Cambia
paragrafo</button>

        <script src="codice.js"></script>

</body>
```

Proviamo ad esplorare il *parentNode* della variabile *paragrafo:*

```
paragrafo.parentNode.children


// -> HTMLCollection(4) [h1, p#parag, button, script, parag: p#parag]
```

Viene restituita una collezione di elementi HTML che rappresenta proprio i tag contenuti nel *body* della pagina ovvero i contenuti visibili della nostra pagina.

La sintassi è semplice da ricordare e "parlante" quindi i nomi dei metodi sono familiari soprattutto per chi usa scrivere il proprio codice in inglese:

```
paragrafo.parentNode.parentNode.firstChild


// -> <head><title>Titolo della pagina</title></head>
```

È possibile cambiare lo stile di un elemento tramite Javascript? Certo che si anche se è raccomandabile, ove possibile, usare le proprietà CSS per mantenere la separazione dei ruoli.

Adesso creeremo un effetto con Javascript che ci permetterà di mettere a frutto quanto abbiamo imparato. Definiamo una pagina Web composta da un solo *div*:

```html
<!DOCTYPE html>
<html>
<head>
    <title>Titolo della pagina</title>
</head>

<body>
    <div id="movimento"></div>
    <script src="codice.js"></script>
</body>
</html>
```

Adesso utilizziamo Javascript per creare dinamicità all'interno della pagina, in particolare visualizzeremo un testo in movimento nella sezione appena creata.

Il file *codice.js* utile per il funzionamento del codice sarà:

```javascript
var testo = "Ciao, sto iniziando ad usare JavaScript ed è fantastico";
var str = testo.split("");
var el = document.getElementById('movimento');
(function animazione () {
    if (str.length > 0) {
        el.innerHTML = el.innerHTML + str.shift();
    }
    else {
        clearTimeout(running);
    }
    var running = setTimeout(animazione, 100);
})();
```

Dopo aver copiato questo codice ricaricate la vostra pagina e vedrete un effetto molto carino, potete cambiare la velocità dell'effetto "macchina da scrivere" modificando il parametro 100 del *setTimeout*.

Adesso vi spiego cosa abbiamo fatto per ottenere questo simpatico effetto:

1. Definiamo il testo da scrivere
2. Il metodo *split()* spezzetta ogni stringa in una lettera e la inserisce in un array, avremmo anche potuto usare il metodo *substring()* e poi mettere tutto in un array
3. Recuperiamo dal *document* il nodo con *id* pari a *movimento*
4. Definiamo la funzione *animazione* che valuta la lunghezza dell'array *str*, se è maggiore di 0 allora stampa l'elemento nella pagina e lo rimuove dall'array. Se invece l'array ha dimensione pari a 0 allora viene annullato il timeout che invoca la funzione a ripetizione
5. Invochiamo un timeout che ogni 100 millisecondi invoca la funzione *animazione*

Conclusioni

Abbiamo visto che Javascript è un ottimo linguaggio con grandi potenzialità e utile per modificare praticamente tutto di una pagina Web, a partire dalla struttura fino al contenuto e all'interazione con l'utente. Se prima questo linguaggio poteva essere considerato un optional per abbellire le nostre pagine adesso si rivela un *must have* per le nostre pagine.

Giunti a questo punto del nostro libro su JavaScript ci auguriamo che tu abbia preso confidenza con il linguaggio e ci auguriamo che tu non abbia riscontrato grandi difficoltà. La sintassi è abbastanza semplice da comprendere e risulta "parlante". Continua ad esercitarti e con l'esperienza sarai in grado di costruire pagine Web più complesse di quelle da noi proposte.

Dal 2006, a partire da *jQuery*, questo linguaggio si è diffuso a macchia d'olio tanto da essere largamente usato sia su client che su server e con gli standard ECMAScript si prevede una diffusione ancora più rapida nei prossimi anni. In vista di tutto ciò ti consiglio di continuare a programmare in Javascript perchè oltre ad essere un linguaggio interessante, sembra essere davvero il linguaggio del futuro prossimo.

AngularJS

C'erano una volta HTML, CSS e JavaScript. Ad ogni sviluppatore Web bastava conoscerli per poter creare l'interfaccia di un'applicazione.

Con il tempo questi linguaggi di markup non sono stati più sufficienti ed è nata l'esigenza di utilizzare dei framework per agevolare/rendere più efficiente il lavoro dei programmatori.

Ecco perchè sono nati diversi framework come AngularJS (precedente versione di Angular), Backbone.js, Vue.js, React etc.

Come potete notare questi framework sono tutti basati su Javascript, motivo per il quale questo linguaggio di programmazione ha iniziato la sua scalata verso il successo.

Angular è supportato da Google e da una vasta comunità di persone e aziende, per affrontare molte delle sfide affrontate nello sviluppo di applicazioni a singola pagina, multipiattaforma e performante. È completamente estensibile e funziona bene con altre librerie.

Quando tutto è iniziato, questo framework è stato chiamato AngularJS e allude a ciò che ora conosciamo come Angular 1.x. Quindi, Angular 2 è arrivato come una completa riscrittura del framework, migliorando da quanto appreso e promettendo miglioramenti delle prestazioni e una struttura più scalabile e più moderna.

La prima versione di Angular fu chiamata Angular 2. In seguito, fu rinominata in "Angular". Da ora in poi, ogni volta che utilizziamo il termine Angular ci riferiamo all'ultima versione del framework, inclusi Angular 2, Angular 4, Angular 5, Angular 6 e Angular 7.

Angular rappresenta una completa riscrittura di AngularJS pertanto molti concetti sono stati modificati e/o rimossi pertanto non c'è alcuna compatibilità tra le due versioni.

Concludiamo questa premessa con l'elencare i pregi di Angular:

- Software di migliore qualità e con meno sforzo
- Riduzione della curva di apprendimento
- Modello di programmazione MVC (Model - View - Controller)
- Software modulare
- Interazione fluida anche su mobile

A chi si rivolge il libro

Come evidenziato nella premessa questo libro si rivolge principalmente a sviluppatori Web con un minimo di esperienza in JavaScript e che vogliono creare una Web App.

La conoscenza di Javascript è fondamentale per acquisire le basi e comprendere meglio l'intera struttura del framework.

Dov'è il codice?

In questo libro useremo diversi font e stili per indicare diversi tipi di informazione.

Una porzione di codice verrà presentata in questo modo:

```
<h2>Persona</h2>
<ul class="persone">
  <li>
    <span>{{persona.id}}</span> {{persona.nome}}
  </li>
</ul>
```

Input e Output da riga di comando si presentano nel seguente modo:

ng serve --open

Termini nuovi, parole importanti, cartelle o directory ed elementi dell'interfaccia sono riportati in *corsivo*.

Prima di iniziare accertati che sul tuo PC siano installati:

- Node.js
- Package manager npm

Angular richiede una versione superiore a 8.x di Node.js, perciò, per verificare se sia già installato digitare nella shell dei comandi:

node -v

Se invece non hai Node.js puoi utilizzare questo link per installarlo: https://nodejs.org/.

Angular e le sue App dipendono dagli *npm packages* e per utilizzarli è necessario un *package manager* come npm. Per verificare se npm sia già installato digitare il seguente comando nella shell dei comandi:

npm -v

Se non hai npm installato sul tuo PC puoi utilizzare questo link: https://docs.npmjs.com/cli/install.

Infine, come evidenziato nella premessa, è essenziale il linguaggio JavaScript e spieghiamo il perchè.

Una applicazione Angular può essere scritta in JavaScript o *TypeScript* (una estensione di JavaScript), la scelta è affidata al singolo sviluppatore ma è consigliato adottare TypeScript perchè supporta lo standard ECMAScript; è più conciso rispetto a JavaScript; ha un controllo statico dei tipi di dato e, soprattutto, perchè lo stesso Angular è scritto in TypeScript.

Creazione dell'ambiente di sviluppo

Installare Angular CLI

La prima cosa da fare è installare *Angular CLI*, per fare ciò sarà necessario aprire una shell di comandi e digitare il seguente comando:

npm install -g @angular/cli

Creare un workspace e l'applicazione

Un *workspace* contiene i file per uno o più *progetti.* Un progetto è un insieme di file che comprende una app, una libreria e può contenere dei test.

Per creare un workspace e l'installazione della nostra applicazione che chiameremo *mia-app* digitiamo:

ng new mia-app

Il comando sopra creerà una cartella denominata "mia-app" e copierà tutte le dipendenze e le impostazioni di configurazione richieste.

Angular CLI eseguirà questi step per te:

- Crea una nuova directory "mia-app"
- Scarica e installa librerie Angular e qualsiasi altra dipendenza
- Installa e configura TypeScript
- Installa e configura Karma e Goniometro (librerie di test)

L'applicazione iniziale contiene una semplice app di benvenuto già pronta per l'esecuzione.

Durante la creazione dell'app Angular include un server in modo che tu possa costruire ed eseguire la tua applicazione in locale.

Per fare ciò, sempre nella shell di comandi, dobbiamo spostarci nella directory del progetto e successivamente avviare il server con il *ng serve.*

cd mia-app

ng serve --open

Il comando *ng serve* esegue una compilazione in *watch mode* (cerca le modifiche nel codice e ricompila se necessario), avvia il server, avvia l'app in un browser e mantiene l'app in esecuzione mentre continuiamo a costruirla.

Il server di sviluppo Webpack è in ascolto sulla porta HTTP 4200 e con l'opzione --open del comando verrà automaticamente aperta una finestra del browser all'indirizzo:

http://localhost:4200/

Questo è ciò che Angular ha creato per noi:

Welcome to mia-app!

Modificare la tua prima componente

Le *componenti* sono dei blocchi fondamentali di un'interfaccia utente e di applicazioni Angular, si occupano di mostrare i dati, gestire l'input dell'utente, eseguire azioni in basa all'input.

Angular CLI ha creato la nostra componente e denominata *app-root* in quanto è la base di tutta l'applicazione.

Effettuiamo qualche modifica per avere più confidenza con Angular:

1. Apriamo il file *./src/app/app.component.ts*
2. Cambiamo il titolo della nostra applicazione da 'mia-app' a 'La mia App Angular!'

Modifichiamo il file con un qualsiasi editor o con un IDE in modo che risulti simile a questo:

```
@Component({
  selector: 'app-root',
  templateUrl: './app.component.html',
  styleUrls: ['./app.component.css']
})
export class AppComponent {
  title = 'La mia App Angular!';
}
```

Dopo aver salvato la modifica il compilatore rileverà la modifica, ricompilerà il progetto e il browser caricherà la nuova versione del file. Questo processo si ripeterà ogni volta che salvate un file.

Adesso ciò che vediamo nel browser sarà:

Welcome to La mia App Angular!

Adesso vogliamo aggiungere un po' di CSS per dare un certo stile al nostro titolo h1.

Per fare ciò apriamo il file *./src/app/app.component.css* e creiamo una regola CSS come segue:

```
h1 {
  color: red;
  font-family: Arial, Helvetica, sans-serif;
}
```

Salviamo il file e noteremo che il titolo diventerà di un bel colore rosso.

Nel prossimo capitolo vedremo come è strutturato il framework, partendo dai moduli per arrivare ai servizi passando per le componenti. L'architettura di Angular non è molto complessa ma è fondamentale conoscerla per strutturare la nostra applicazione.

Architettura di Angular

Prima di proseguire è necessario focalizzare l'attenzione sulla struttura del framework quindi capire cosa sono i moduli, le componenti (che abbiamo in parte già visto), i servizi e come iniettare le dipendenze.

Angular implementa funzionalità core e opzionali come set di librerie TypeScript che importi nelle tue app.

I componenti base di un'applicazione Angular sono *NgModules*, che forniscono il contesto per la compilazione delle *componenti*. NgModules raccoglie il codice correlato in insiemi funzionali; un'app Angular è definita da un set di NgModules. Un'app ha sempre almeno un *modulo root* che abilita il bootstrap e in genere ha molti altri *moduli feature*.

Le componenti definiscono le *viste*, che sono insiemi di elementi di schermo che Angular può scegliere e modificare in base alla logica e ai dati del programma.

Le componenti utilizzano *servizi* che forniscono funzionalità specifiche non direttamente correlate alle viste. I fornitori di servizi possono essere *iniettati* in componenti come *le dipendenze*, rendendo il codice modulare, riutilizzabile, ed efficiente.

Sia le componenti che i servizi sono semplicemente classi, con *decoratori* che contrassegnano il loro tipo e forniscono metadati che indicano ad Angular su come usarli.

I metadati per una classe componente lo associano a un *template* che definisce una vista.

Un *template* combina l'HTML con le *direttive* Angular e il *markup di associazione* che consentono ad Angular di modificare l'HTML prima di interpretarlo per la visualizzazione.

I metadati per una classe di servizio forniscono le informazioni di cui Angular ha bisogno per renderla disponibile alle componenti tramite l'*iniezione delle dipendenze (DI)*.

Le componenti di un'app generalmente definiscono molte viste, disposte gerarchicamente. Angular fornisce il servizio Router per aiutarti a definire i percorsi di navigazione tra le viste. Il router offre sofisticate funzionalità di navigazione all'interno del browser.

Moduli

I moduli aiutano a organizzare un'applicazione in blocchi di funzionalità coerenti avvolgendo componenti, direttive e servizi. Le applicazioni Angular sono modulari e ogni applicazione ha almeno un modulo, il *modulo radice*, chiamato *AppModule* convenzionalmente e risiede in un file chiamato *app.module.ts*. Il modulo radice può essere l'unico modulo in una piccola applicazione, ma la maggior parte delle app ha molti più moduli.

Come sviluppatore, sta a te decidere come utilizzare i moduli. In genere, si mappano le funzionalità principali o una funzionalità di un modulo. Diciamo che hai quattro aree principali nel tuo sistema. Ognuno avrà il proprio modulo in aggiunta al modulo radice, per un totale di cinque moduli.

L'organizzazione del codice in moduli funzionali distinti aiuta a gestire lo sviluppo di applicazioni complesse e favorisce la riusabilità. Inoltre, questa tecnica consente di sfruttare il *lazy-loading*, ovvero il caricamento dei moduli su richiesta, per ridurre al minimo la quantità di codice che deve essere caricata all'avvio.

Qualsiasi modulo Angular è una classe con il decoratore *@NgModule*. I decoratori sono funzioni che modificano le classi JavaScript e sono fondamentalmente utilizzati per allegare i metadati alle classi in modo che sappiano la configurazione di tali classi e come dovrebbero funzionare.

Le proprietà più importanti sono:

- *declarations:* qui verranno appunto dichiarate le componenti, le pipe e le direttive che fanno parte del modulo.

- *exports:* questa proprietà descrive quali sono le dichiarazioni che sono visibili e pertanto utilizzabili negli altri moduli.

- *imports:* indica i moduli necessari e, di conseguenza, le classi necessarie per le componenti dichiarate in tale modulo.

- *providers:* creatori di servizi che questo NgModule contribuisce a raggruppare; i quali diventano utilizzabili ovunque all'interno dell'app. (Spesso è preferibile specificare i provider a livello di componente).

- *bootstrap:* la *componente root* dell'applicazione ovvero la vista principale che ospita tutte le altre. Tale proprietà dovrebbe essere impostata solo per il modulo *root* (che dovrebbe essere uno per applicazione).

Di seguito la definizione del modulo generata per l'app precedente:

```
import { BrowserModule } from '@angular/platform-browser';
import { NgModule } from '@angular/core';

import { AppRoutingModule } from './app-routing.module';
import { AppComponent } from './app.component';

@NgModule({
  declarations: [AppComponent],
  imports: [
    BrowserModule,
    AppRoutingModule
  ],
  providers: [],
  bootstrap: [AppComponent]
})
export class AppModule { }
```

La componente root creata durante il bootstrap fa sempre parte di un modulo root che, a sua volta, può includere un qualsiasi numero di componenti aggiuntivi, caricati tramite il router o creati tramite il template. Un NgModule condivide lo stesso contesto di compilazione tra tutte le componenti.

Una componente insieme al suo template definiscono una *vista*.

Per poter gestire in modo autonomo diverse aree dello schermo, più o meno complesse, una componente può comportarsi come contenitore di una *gerarchia di viste*. In questo modo è possibile creare, modificare o distruggere alcune aree dello schermo e creare componenti più complesse ma ben strutturate, dato che può mescolare template di componenti che fanno parte di altri NgModules.

Per chi conosce bene JavaScript si sarà accorto che i moduli ECMAScript rappresentano un solo file e la sintassi utilizzata è un costrutto standard di ECMAScript che garantisce l'incapsulamento.

I moduli Angular, invece, sono strutturati in modo diverso e non seguono uno standard.

In particolare si occupano di creare dei gruppi coesi di componenti, direttive e pipes, aiutano a mantenere separata la logica dalla visualizzazione anche grazie ai metadati forniti al compilatore tramite @NgModule.

Tra le librerie che Angular utilizza ci sono anche dei propri *moduli di librerie* ed ognuno è contrassegnato dal prefisso *@angular*. E' possibile installarli tramite npm ed importarli come abbiamo fatto nella definizione precedente:

```
import { BrowserModule } from '@angular/platform-browser';
import { NgModule } from '@angular/core';
```

Componenti

Una *componente* che controlla una porzione di schermo è chiamata *vista*.

Le componenti hanno bisogno necessariamente di una logica per gestire la vista, tale logica è definita in una classe. La classe predispone delle API e dei metodi che consentono l'interazione con la vista.

Ad esempio, *ListaStudentiComponent* tramite la proprietà *studenti* che contiene una serie di *Studente* gestisce la vista. Il suo metodo selectStudente() imposta il valore della proprietà selectedStudente al click dell'utente per scegliere uno studente della lista. Il componente acquisisce gli studenti da un servizio, che è una proprietà del parametro TypeScript sul costruttore. Il servizio viene fornito al componente attraverso il sistema di iniezione delle dipendenze. Segue la definizione della nostra classe *ListaStudentiComponent*:

```
export class ListaStudentiComponent implements OnInit {
  studenti: Studente[];
  selectedStudente: Studente;

  constructor(private service: StudenteService) { }

  ngOnInit() {
    this.studenti = this.service.getStudenti();
  }

  selectStudente(studente: Studente) { this.selectedStudente = studente; }
}
```

Man mano che l'utente interagisce con l'applicazione Angular provvede a creare nuove componenti, aggiornarle o, se non sono più necessarie, le distrugge. Attraverso degli *hook*, come *ngOnInit*(), puoi prendere il controllo ed eseguire delle operazioni in qualsiasi fase del ciclo di vita, devi soltanto implementare l'interfaccia dedicata e definirne l'implementazione tramite il metodo appropriato.

Le componenti si avvalgono dell'uso di metadati per dare maggiori informazioni ad Angular sulla loro funzionalità, *@Component* per esempio, denota la classe come una componente e ne specifica i suoi metadati.

Senza un decoratore abbiamo semplicemente una classe JavaScript e Angular non avrà alcuna informazione aggiuntiva.

Senza i relativi metadati per una componente Angular non è in grado di determinare da dove recuperare gli elementi di cui ha bisogno per creare e presentare la componente e la vista. Ci sono due modi per associare un template alla componente: con codice *inline* se si tratta di componenti molto piccole o tramite *riferimento* per componenti più complesse che hanno bisogno di una struttura ben organizzata.

Segue la definizione completa della componente:

```
@Component({
  selector:     'app-lista-studenti',
  templateUrl:  './lista-studenti.component.html',
  providers:    [ StudenteService ]
})
export class ListaStudentiComponent implements OnInit {
  studenti: Studente[];
  selectedStudente: Studente;

  constructor(private service: StudenteService) { }

  ngOnInit() {
    this.studenti = this.service.getStudenti();
  }

  selectStudente(studente: Studente) { this.selectedStudente = studente; }
}
```

In questo esempio verranno mostrate alcune opzioni per la configurazione di *@Component*:

- *selector*: verrà creata ed inserita da Angular un'istanza della componente ovunque ci sia un corrispondente tag HTML nel template. Se l'HTML di un'applicazione contesse *<app-lista-studenti></app-lista-studenti>*, allora Angular inserirà un'istanza di *ListaStudentiComponent* tra il tag di apertura e quello di chiusura.
- *templateUrl*: il riferimento al template HTML di questo componente. In alternativa, puoi fornire il template HTML inline, come valore della proprietà *template*.

- *providers*: una lista di provider per i servizi richiesti dal componente. Nell'esempio precedente, viene indicato ad Angular come fornire l'istanza di *StudenteService* utilizzata dal costruttore della componente *ListaStudentiComponent* per ottenere l'insieme degli studenti da visualizzare.

A questo punto ti chiederai come sono legati i template e le viste, approfondiamo questo aspetto.

E' possibile definire la vista di una componente con il suo relativo template. Un template è sostanzialmente la forma di un HTML che comunica ad Angular come fare il rendering della componente.

Al fine di mostrare, nascondere o modificare delle sezioni o delle pagine che fanno parte dell'interfaccia le viste vengono solitamente disposte in modo gerarchico, come se fossero delle unità.

La *vista host* di una componente è il template ad essa associato, che a sua volta, può anche definire una *gerarchia di viste*, ospitate da altri componenti.

Un template è un file HTML, con l'aggiunta della sintassi di Angular, in modo da alterare l'HTML secondo la logica inclusa nell'app modificandone il DOM. Tramite il binding dei dati è possibile riflettere i dati del model sul DOM e viceversa, trasformare la visualizzazione dei dati prima che vengano mostrati tramite le *pipes* oppure applicare una determinata logica a ciò che viene visualizzato tramite le direttive.

Di seguito riporto il template per la componente creata precedentemente:

```html
<h2>Lista di studenti</h2>

<p><i>Seleziona uno studente dalla lista</i></p>
<ul>
  <li *ngFor="let studente of studenti" (click)="selectStudente(studente)">
    {{studente.nome}}
  </li>
</ul>

<app-dettaglio-studente *ngIf="selectedStudente" [studente]="selectedStudente">
</app-dettaglio-studente>
```

Questo template utilizza tag tipici dell'HTML come *<h2>* e *<p>* ma include alcuni tag tipici di Angular come **ngFor, {{studente.nome}}, (click), [studente]* ed infine *<app-dettaglio-studente>*.

A cosa servono questi nuovi elementi? La risposta è semplice, facilitare la vita del programmatore ma vediamoli singolarmente:

- *ngFor* è utilizzato per iterare su una lista di elementi
- *{{studente.nome}}*, *(click)* e *[studente]* servono a legare (bind) i dati e il DOM
- il tag custom (definito da noi) *<app-dettaglio-studente>* è l'elemento che rappresenta una nuova componente di tipo *DettaglioStudenteComponent*

Abbiamo parlato del binding delle componenti ovvero come legare le parti del template alle parti della componente, il concetto potrà sembrare ostico per chi è agli inizi ma ben presto diventerà più chiaro.

Con un framework come Angular lo sviluppatore non è più responsabile dei valori dei dati nell'HTML e del convertire l'input degli utenti in azioni e aggiornamenti di valore.

L'implementazione di tali logiche a mano è un lavoro noioso, incline agli errori, difficile da leggere ed i programmatori esperti di jQuery lo sanno bene.

Angular supporta il cosiddetto *two-way data binding* cioè un meccanismo per cui le parti del template e quelle della componente sono sempre legate e coordinate.

Il binding, quindi, può essere eseguito dal DOM alla componente, dalla componente al DOM o entrambi.

Nell'esempio precedente abbiamo usato

- *{{studente.nome}}* per mostrare la proprietà *studente.nome* come elemento della lista
- *[studente]* per passare il valore selezionato dalla componente padre *ListaStudentiComponent* alla componente figlia *DettaglioStudenteComponent*
- *(click)* per invocare il metodo *selectStudente* quando l'utente clicca sul nome dello studente

Il doppio binding dei dati (utilizzata principalmente nei form) unisce l'associazione degli eventi e le proprietà in una semplice e concisa notazione. Ecco un esempio del template *DettaglioStudenteComponent* che utilizza l'associazione dati bidirezionale con la direttiva *ngModel*.

```
<input [(ngModel)]="studente.nome">
```

Nel collegamento bidirezionale, il valore dei dati passa dalla componente alla casella di input tramite il binding della proprietà. Le modifiche dell'utente tornano alla componente, reimpostando il valore, come bind dell'evento.

Per ogni ciclo di eventi JavaScript, Angular elabora i binding partendo dall'origine dell'albero dei componenti dell'applicazione fino ad arrivare a tutti i componenti figlio.

Pertanto l'associazione dei dati assume un ruolo molto importante nella relazione tra un template e la sua componente ed è anche importante per la relazione tra il figlio e le componenti padre.

Angular consente di asserire delle trasformazioni di valore e di visualizzazione nel modello HTML. Per definire una funzione che trasforma i valori di input in valori di output per la visualizzazione in una vista è necessario usare il decoratore *@Pipe*.

Angular definisce varie pipe, come la pipe per la data e la pipe per la valuta; per un elenco completo, consultare l'elenco delle API Pipes al seguente indirizzo: https://angular.io/api?type=pipe. Puoi definire delle nuove pipe, configurabili e adatte alle tue necessità.

Utilizzare l'operatore pipe (|) come nell'esempio per specificare la trasformazione da eseguire:

```
<h2>{{valore | pipe_name}}</h2>
```

È possibile concatenare le pipe, inviando l'output di una funzione pipe a essere trasformata da un'altra funzione pipe. Una pipe può anche assumere argomenti che controllano il modo in cui esegue la sua trasformazione. Ad esempio, puoi passare il formato desiderato alla pipe per le date.

```
<!-- Default format: output 'Jun 15, 2015'-->
<p>Today is {{today | date}}</p>


<!-- fullDate format: output 'Monday, June 15, 2015'-->
<p>The date is {{today | date:'fullDate'}}</p>
```

I template in Angular sono dinamici perciò Angular trasforma il DOM in base alle *direttive*, cioè esegue le istruzioni fornite dalle classi con il decoratore *@Directive*().

Una componente è sostanzialmente riconducibile ad una direttiva, infatti le componenti sono così caratteristiche e fondamentali per le applicazioni tanto che *@Component()* estende *@Directive*().

Oltre alle componenti, ci sono altri due tipi di direttive: *strutturali* e *attributi*. Angular definisce un numero di direttive di entrambi i tipi, e tu puoi definire direttive custom usando il decoratore *@Directive()*.

Esattamente come per le componenti, la classe decorata con un elemento selector è associata tramite i metadati di una direttiva. Nei template, le direttive di solito appaiono come attributi dentro il un tag di un elemento, per nome o come obiettivo di una assegnazione o di un legame.

Le *direttive strutturali* cambiano il layout attraverso l'aggiunta, sostituzione o rimozione degli elementi nel DOM. Il template seguente usa due direttive strutturali (*ngFor e *ngIf) per aggiungere la logica dell'applicazione all'interfaccia.

```
<li *ngFor="let studente of studenti"></li>

<app-dettaglio-studente *ngIf="selectedStudente"></app-dettaglio-studente>
```

ngFor è un iterativo; dice ad Angular di stampare un *<li>* per ogni studente nella lista.

ngIf è un condizionale; include *DettaglioStudenteComponent* solo se esiste uno studente selezionato.

Le *direttive di attributi*, invece, modificano l'aspetto o il comportamento di un elemento esistente. Prendono il nome dalla loro somiglianza con i normali attributi HTML, presta molta attenzione a ciò per non farti trarre in inganno.

La direttiva *ngModel*, che viene utilizzata per l'associazione bidirezionale dei dati (detto two-way data binding), è una direttiva di attributo poichè cambia il comportamento di un elemento (di solito un tag *<input>*) impostandone il valore e attivandosi per modificare gli eventi.

```
<input [(ngModel)]="studente.nome">
```

Angular ha diverse direttive predefinite che modificano la struttura del layout (ad esempio, *ngSwitch*) o modificano aspetti di elementi e componenti DOM (ad esempio, *ngStyle* e *ngClass*).

Servizi

I servizi identificano un'ampia categoria che comprende qualsiasi valore, funzione o caratteristica di cui un'app necessita. Un servizio di solito ha un obiettivo ben definito ovvero fare qualcosa di specifico e farlo bene. Angular distingue le componenti dai servizi al fine di incrementare sia la modularità sia la riusabilità. In tal modo staccando la visualizzazione di una componente dagli altri tipi di elaborazione, si possono creare classi di componenti efficienti e snelle.

Il lavoro di una componente consiste esclusivamente nel gestire la user-experience. Una componente dovrebbe soltanto esporre i metodi per l'associazione dei dati e le proprietà, per consentire la conciliazione tra la il template e la logica dell'applicazione.

Una componente può delegare determinate attività ai servizi, ad esempio il recupero dei dati dal server, la convalida dell'input dell'utente o l'accesso diretto alla console. Per rendere disponibili tali attività per qualsiasi componente, queste devono essere definite in una *classe di servizio iniettabile.* Iniettando diversi *provider* dello stesso tipo di servizio, in base al contesto, è possibile rendere l'applicazione più adattabile e modulare.

Raggruppare facilmente la logica della tua applicazione in servizi e rendere tali servizi disponibili alle componenti attraverso l'iniezione delle dipendenze, questi sono i principi cardini di Angular.

Come abbiamo visto per gli altri esempi, per convenzione, il nome del file identifica il tipo di classe che conterrà pertanto andremo a creare il nostro file *src/app/studente.service.ts*.

```
export class StudenteService {
  private studenti: Studente[] = [];


  constructor(private backend: BackendService) { }


  getStudenti() {
    this.backend.getAll(Studente).then((studenti: Hero[]) => {
      this.studenti.push(...studenti); // fill cache
    });
    return this.studenti;
  }

}
```

Come possiamo vedere dall'esempio i servizi possono dipendere da altri servizi. Di seguito, una classe che dipende dal servizio *BackendService* per ottenere una lista di studenti. Il servizio *BackendService* probabilmente recupererà gli studenti da un server in modo asincrono, quindi, è verosimile che possa dipendere da un altro servizio tipo *HttpClient*.

Dependency Injection

La DI è integrata nel framework è utilizzata per fornire nuove componenti con servizi o altre cose di cui hanno bisogno. Le componenti utilizzano i servizi tanto che si può *iniettare un servizio in una componente*, dando a quest'ultima la possibilità di accedere a tale classe di servizio.

Utilizzando il decoratore *@Injectable()* puoi fornire i metadati che consentono ad Angular di identificare una classe come servizio e di iniettarla come dipendenza in una componente. E' possibile usare lo stesso decoratore per indicare che una componente o un'altra qualsiasi classe (un altro servizio, una pipe o un NgModule) ha una dipendenza.

L'iniezione delle dipendenze è un concetto centrale nella programmazione moderna e questo viene confermato anche per Angular.

Il framework, infatti, durante il processo di bootstrap genera un iniettore a livello dell'applicazione e iniettori aggiuntivi quando sono necessari. Non hai bisogno creare iniettori manualmente, li crea lui per te quando serve.

Un iniettore si occupa di creare le dipendenze e mantenerle in un contenitore di istanze, mentre un provider è un oggetto che informa l'iniettore su come ottenere o creare una dipendenza.

Devi registrare un provider con l'iniettore dell'app, in modo che l'iniettore possa utilizzare il provider per creare delle nuove istanze, per qualunque dipendenza tu abbia bisogno nella tua applicazione.

Angular sceglie di quali dipendenze o servizi ha bisogno la componente, esaminando i tipi di parametri del costruttore, in fase di creazione di una nuova istanza della classe perciò viene utilizzato il costruttore.

Ad esempio, il costruttore dei ListaStudentiComponent ha bisogno di StudenteService.

```
@Component({
    selector:      'app-lista-studenti',
    templateUrl: './lista-studenti.component.html',
    providers:    [ StudenteService ]
})
export class ListaStudentiComponent implements OnInit {
    studenti: Studente[];
    selectedStudente: Studente;
```

```
constructor(private service: StudenteService) { }

   ....

}
```

Nel momento in cui una componente dipende da un servizio (come in questo caso), Angular prima di ogni altra cosa verifica se l'iniettore ha istanze esistenti di quel servizio. Nel caso in cui non esistano, l'iniettore ne crea una nuova tramite il provider registrato e questa viene aggiunta all'iniettore.

Infine, Angular invoca il costruttore della componente con tali servizi come argomenti non prima che tutti i servizi necessari siano stati identificati e restituiti.

Il processo di iniezione di StudenteService è descritto dall'immagine seguente:

E' obbligatorio registrare almeno un *provider* di qualsiasi servizio che intendi utilizzare. Il provider può essere parte dei metadati del servizio, rendendo disponibile quel servizio ovunque, oppure è possibile registrare provider con moduli o componenti specifici. E' possibile registrare i provider nei metadati del servizio (nel decoratore *@Injectable()*, o in *@NgModule()* o nei metadati *@Component()*.

Il comando Angular CLI *ng generate service*, di default, registra un provider con l'iniettore root per il servizio includendo i metadati del provider nel decoratore *@Injectable()*. Vediamo come è possibile tradurre ciò nel codice:

1. Registrare un provider con *@Injectable()*

```
@Injectable({
 providedIn: 'root',
})
```

2. Registrare un provider con *NgModule*

```
@NgModule({
  providers: [
  BackendService
  ],
  ...
})
```

3. Registrare un provider con *@Component*

```
@Component({
  selector:    'app-lista-studenti',
  templateUrl: './lista-studenti.component.html',
  providers:   [ StudenteService ]
})
```

Quindi sono tre modi diversi di fare la stessa cosa? Ni. Vediamo quali sono le differenze.

Quando fornisci il servizio a livello di root come nel caso 1, viene creata una singola istanza condivisa *StudenteService* e la inietta in qualsiasi classe che la richieda. La registrazione del provider nei metadati consente di ottimizzare un'app rimuovendo tale servizio dall'app compilata se non utilizzato.

Qualora si registrasse un provider come nel caso 2, con un *NgModule* specifico, per tutti i componenti in tale *NgModule* sarà disponibile la medesima istanza del servizio per tutte le componenti. Per registrarsi a questo livello, usa la proprietà *providers* del decoratore *@NgModule()*.

Registrando il provider a livello di componente come nel caso 3, con ogni nuova istanza di quel componente si otterrà una nuova istanza del servizio. E' possibile registrare un provider di servizi, a livello di componente, all'interno della proprietà *providers* dei metadati di *@Component()*.

Adesso che hai una panoramica di tutta l'architettura di Angular abbiamo bisogno di capire qual è il ciclo di vita delle componenti che, come abbiamo visto, sono la parte centrale di un'applicazione Angular.

Nel prossimo capitolo esploreremo questo aspetto del framework e capiremo come usare il ciclo di vita per ottimizzare la nostra interfaccia.

Ciclo di vita delle componenti

Angular gestisce il ciclo di vita di una componente, infatti, la crea, ne effettua il rendering, ne gestisce i figli, la controlla e infine la distrugge prima di rimuoverla dal DOM.

Il framework offre degli *hook del ciclo di vita* che forniscono visibilità in questi momenti chiave della vita e la capacità di agire quando si verificano.

Gli sviluppatori possono utilizzare i momenti fondamentali del ciclo di vita attraverso l'implementazione di una o più interfacce che fanno parte del ciclo di vita presenti nella libreria *core* di Angular.
Il nome di ogni metodo che implementa un'interfaccia utilizza il prefisso *ng* e ad ogni interfaccia corrisponde un solo metodo.
L'interfaccia *OnInit*, ad esempio, possiede un solo metodo *hook* chiamato *ngOnInit()* invocato da Angular poco dopo la creazione della componente:

```
export class Studente implements OnInit {

    constructor(private service: StudenteService) { }


    ngOnInit() { console.log('Il metodo ngOnInit è stato invocato!'); }

}
```

Angular invoca il metodo hook di una direttiva o componente se e solo se è definito.
Nella tabella seguente vediamo quali sono gli altri hook che possiamo definire:

Hook	Scopo e sequenza temporale
ngOnChanges()	Questo è il primo metodo invocato nella sequenza e si occupa di impostare o reimpostare il legame con le proprietà dei dati di input.
	Viene invocato prima per settare il valore e poi ogni volta che il valore dei dati cambia.
ngOnInit()	Inizializza la direttiva o la componente dopo che Angular visualizza per la prima volta le proprietà associate ai dati e imposta le proprietà di input della direttiva/componente.
	Viene invocato solo una volta, dopo il primo *ngOnChanges()*.
ngDoCheck()	Agisce sui cambiamenti che Angular non può rilevare da solo.
	Invocato durante ogni cambiamento, subito dopo *ngOnChanges()* e *ngOnInit()*.
ngAfterContentInit()	Invocato solo una volta dopo il primo *ngDoCheck()* dopo che il contenuto

	esterno delle componenti è stato inizializzato.
ngAfterContentChecked()	Invocato dopo *ngAfterContentInit()* e ad ogni successivo *ngDoCheck()* serve a verificare che l'inizializzazione sia andata a buon fine.
ngAfterViewInit()	Invocato una volta dopo il primo *ngAfterContentChecked()* cioè dopo che la vista componente e le sue viste figlio sono state inizializzate.
ngAfterViewChecked()	Viene invocato ogni volta che Angular ha finito di eseguire il rilevamento delle modifiche su una componente e sui suoi figli quindi dopo *ngAfterViewInit()* e ad ogni successivo *ngAfterContentChecked()*.
ngOnDestroy()	Invocato poco prima di distruggere la componente e serve a rimuovere tutti i bind per evitare memory leak.

Nonostante sia fondamentale conoscere tutti questi metodi, quelli che utilizzeremo maggiormente sono *ngOnInit()*, *ngOnDestroy()* ed *ngOnChanges()*:

- *ngOnInit()*

  Deve essere usato per eseguire inizializzazioni complesse poco dopo la costruzione o per impostare la componente dopo Angular ha impostato le proprietà di input.

  Gli sviluppatori esperti concordano sul fatto che le componenti dovrebbero essere economiche e sicure da costruire perciò non è consigliato recuperare i dati nel costruttore.

  Non dovresti preoccuparti che una nuova componente proverà a contattare un server remoto quando viene creata. I costruttori dovrebbero solo impostare le variabili locali iniziali su valori semplici.

  Puoi contare su Angular per chiamare il metodo *ngOnInit()* subito dopo aver creato la componente. Ecco dove deve risiede le pesanti logiche di inizializzazione.

- *ngOnDestroy()*

  Qui deve esserci la logica da eseguire prima che Angular distrugga la direttiva.

  Questo è il momento in cui notificare ad un'altra parte dell'applicazione che la componente sta per essere distrutta.

  In questo metodo potremo liberare le risorse che non saranno liberate automaticamente, annullare l'iscrizione agli Observables (che vedremo tra qualche capitolo) e al DOM. Qui potremo interrompere i timer degli intervalli, annullare la registrazione di tutte le callback che questa direttiva ha registrato con servizi globali o applicativi.

  Rischiate memory leak se dimenticate di farlo, è un passaggio importante specialmente su grandi applicazioni.

- *ngOnChanges()*

  Il metodo *ngOnChanges()* viene invocato ogni volta che Angular rileva delle modifiche alle proprietà di input della componente (o della direttiva). Questo esempio controlla l'hook *OnChanges*.

  ```
  ngOnChanges(changes: SimpleChanges) {
  ```

```
for (let propName in changes) {
   let chng = changes[propName];
   let cur  = JSON.stringify(chng.currentValue);
   let prev = JSON.stringify(chng.previousValue);
   console.log(`${propName}: currentValue = ${cur},previousValue = ${prev}`);
   }
}
```

Il metodo *ngOnChanges()* accetta un oggetto che associa ogni nome di proprietà modificato a un oggetto *SimpleChange* che mantiene i valori di proprietà attuali e precedenti. Questo hook esegue iterazioni sulle proprietà modificate e le registra.
La componente di esempio *OnChangesComponent* ha la proprietà di input *studente* così definita:

```
@Input() studente: Studente;
```

Sarà quindi possibile utilizzare nel template padre questa proprietà di input:

```
<on-changes [studente]="studente"></on-changes>
```

Nel componente figlio quando abbiamo un oggetto utente come proprietà *@Input()* legata ai dati, *ngOnChanges()* viene invocato solo quando il riferimento dell'oggetto viene modificato dal componente principale. Il riferimento dell'oggetto può essere cambiato assegnando un nuovo oggetto ad esso. Significa che se modifichiamo il valore della proprietà dell'oggetto nel componente padre, il metodo *ngOnChanges()* non verrà chiamato nel componente figlio perché il riferimento non viene modificato.
Supponiamo, invece, di avere il seguente tipo primitivo decorato con *@Input()* in una componente figlio:

```
@Input() voto: number;
```

Ora ogni volta che una componente genitore modifica il valore in una qualsiasi delle sue proprietà che è stata utilizzata nel componente figlio, viene eseguito il metodo *ngOnChanges()* nella componente figlio. Funziona con qualsiasi tipo di dati primitivi come *string, number* ecc.

Interazione tra componenti

Adesso che abbiamo diverse componenti all'interno della nostra applicazione sorge la necessità di farle comunicare tra di loro, analizziamoli singolarmente:

- Passare i dati di padre in figlio tramite *Input*

Componente padre:

```
import { Component } from '@angular/core';

@Component({
  selector: 'app-padre',
  template: `
    <app-figlio [messaggioFiglio]="messaggioPadre"></app-figlio>
  `,
  styleUrls: ['./padre.component.css']
})
export class PadreComponent{
  messaggioPadre = "Messaggio dal padre"
  constructor() { }
}
```

Componente figlio:

```
import { Component, Input } from '@angular/core';

@Component({
  selector: 'app-figlio',
  template: `
    Messaggio: {{ messaggioFiglio }}
  `,
  styleUrls: ['./figlio.component.css']
})
export class FiglioComponent {

  @Input() messaggioFiglio: string;
```

```
  constructor() { }

}
```

- Usare i *ViewChild* consentono a un componente di essere iniettata in un'altra, dando al genitore l'accesso agli attributi e alle funzioni del figlio

Componente padre:

```
import { Component, ViewChild, AfterViewInit } from '@angular/core';
import { FiglioComponent } from "../figlio/figlio.component";

@Component({
  selector: 'app-padre',
  template: `
    Messaggio: {{ messaggio }}
    <app-figlio></app-figlio>
  `,
  styleUrls: ['./padre.component.css']
})
```

```
export class PadreComponent implements AfterViewInit {

  @ViewChild(FiglioComponent) figlio;

  constructor() { }

  messaggio:string;

  ngAfterViewInit() {
    this.messaggio = this.figlio.messaggio
  }
}
```

124

Componente figlio:

```typescript
import { Component} from '@angular/core';


@Component ({
  selector: 'app-figlio',
  template: ``,
  styleUrls: ['./figlio.component.css']
})
export class FiglioComponent {


  messaggio = 'Ciao!';
  constructor() { }

}
```

- Dal figlio al padre tramite *Output()* e *EventEmitter*

Componente padre:

```typescript
import { Component } from '@angular/core';


@Component ({
  selector: 'app-padre',
  template: `
    Messaggio: {{messaggio}}
    <app-figlio (messageEvent)="riceviMessaggio($event)"></app-figlio>
  `,
  styleUrls: ['./padre.component.css']
})
export class PadreComponent {
  constructor() { }


  messaggio:string;


  riceviMessaggio($event) {
    this.messaggio = $event
```

```
    }
  }
```

Componente figlio:

```
import { Component, Output, EventEmitter } from '@angular/core';


@Component({
  selector: 'app-figlio',
  template: `
      <button (click)="sendMessage()">Invia messaggio</button>
  `,
  styleUrls: ['./figlio.component.css']
})
export class FiglioComponent {


  messaggio: string = "Ciao!"


  @Output() messaggioEvent = new EventEmitter<string>();


  constructor() { }


  sendMessage() {
    this.messaggioEvent.emit(this.messaggio)
  }
}
```

- Condividere dati con un *Service*

  La componente padre e i suoi figli condividono un servizio. L'interfaccia di tale servizio permette la comunicazione all'interno della "famiglia"

  Di seguito la definizione del servizio:

```
import { Injectable } from '@angular/core';


@Injectable()
```

```
export class DataService {
  dati: string;
}
```

Classe A:

```
import {Component} from '@angular/core'

import { DataService } from './data.service';

@Component({
 template: `
  <div>
    <h2>Dati da A: {{ dati }} </h2>
    <input [(ngModel)] = dati />
    <br><br>
    <a [routerLink]="['/b']">Vai a B</a>
  </div>
  `,
})
export class A {

  get dati():string {
    return this.dataService.dati;
  }
  set dati(valore: string) {
    this.dataService.dati = valore;
  }

  constructor(public dataService: DataService) { }
}
```

Classe B:

```
import {Component} from '@angular/core'

import { DataService } from './data.service';

@Component({
 template: `
  <div>
     <h2>Dati da B: {{ dati }} </h2>
     <input [(ngModel)] = 'dati' />
     <br><br>
     <a [routerLink]="['/a']">Vai ad A</a>
  </div>
  `,
})
export class B {
  get dati():string {
    return this.dataService.dati;
  }
  set dati(valore: string) {
    this.dataService.dati = valore;
  }

  constructor(public dataService: DataService) { }
}
```

In questo esempio, come avrete notato, abbiamo introdotto alcuni elementi nuovi: *dati* è stato definito utilizzando un getter/setter quindi il valore corrente è recuperato dal servizio; la presenza di *routerLink* che verrà spiegata nel prossimo capitolo.

Routing e navigazione

Il *Router* consente la navigazione da una vista ad un'altra man mano che l'utente esegue dei task.

Ogni interfaccia Web, infatti, ha bisogno di pulsanti, menu, tabs e tanto altro per consentire la navigazione e una migliore *user experience*.

Una applicazione Angular è un albero di componenti, alcune delle quali saranno statiche per tutta la durata dell'applicazione, altre invece vorremo visualizzarle in modo dinamico e per ottenere ciò useremo un *router*. Pensiamo ad un software per la gestione del personale, ad esempio, lo immaginiamo con un menu, un *<div>* per ogni persona censita con un pulsante che ne consente di aprire il dettaglio.

Il *Router* di Angular ci consente di fare tutto ciò ma anche molto di più, salvando tutto nella cronologia del browser in modo da garantire il funzionamento dei tasti Avanti e Indietro dei browser supportati.

Usando il modulo Router e le direttive *router-outlet* sarà possibile definire parti della nostra applicazione che visualizzeranno diversi gruppi di componenti in base all'url corrente.

A seconda dell'URL verrà visualizzata una componente diversa usando una direttiva router-outlet e verranno definiti degli *stati del router*.

Nel software per la gestione del personale, che abbiamo usato prima, la pagina home sarebbe uno stato del router e, le componenti per la visualizzazione del dettaglio di una persona, sarebbero un altro stato del router.

La maggioranza delle applicazioni di routing dovrebbero aggiungere un tag *<base>* in *index.html* come primo figlio nel tag *<head>* per specificare al router come comporre gli URL di navigazione.

Se la cartella app è la root dell'applicazione, come per l'applicazione di esempio, impostare il valore href esattamente come segue:

```
<base href="/">
```

Il router Angular è un servizio opzionale che mostra una determinata componente per un determinato URL. Non fa parte di Angular core ma è in *@angular/router*.

Andremo così ad inserire queste import nel nostro *app.module.ts*:

```
import { RouterModule, Routes } from '@angular/router';
```

Configurare un router

L'obiettivo principale del router è di abilitare la navigazione tra le componenti instradabili all'interno di un'applicazione Angular, che richiede al router di eseguire il rendering di un set di componenti e quindi riflettere lo stato di rendering nell'URL.

A tale scopo, il router ha bisogno di qualche modo per associare gli URL con l'insieme appropriato di componenti da caricare. Ciò si ottiene consentendo allo sviluppatore di definire un oggetto di configurazione dello stato del router, che descrive quali componenti visualizzare per un dato URL.

Gli stati del router sono definiti all'interno di un'applicazione importando il *RouterModule* e passando una matrice di oggetti *Route* nel suo metodo *forRoot*.

Ad esempio, una serie di percorsi per una semplice applicazione potrebbe assomigliare a questa:

```
import { RouterModule, Route } from '@angular/router';


const ROUTES: Route[] = [
  { path: 'home', component: HomeComponent },
  { path: 'anagrafiche',
    children: [
      { path: '', component: AnagraficheComponent },
      { path: ':id', component: AnagraficaComponent }
    ]
  },
];


@NgModule({
  imports: [
    RouterModule.forRoot(ROUTES)
  ]
})
```

Questo andrà a creare un albero degli stati con 5 nodi come rappresentato:

In qualsiasi momento alcuni stati del router possono essere mostrati sullo schermo dell'utente in base all'URL, questo definisce un *active route*. Un *active route* è solo una sottostruttura dell'albero di tutti gli stati del router.

Poiché il servizio router modifica l'URL del browser, che è una risorsa globale condivisa, può essere presente un solo servizio router attivo. Questo è il motivo per cui dovresti usare *forRoot* una sola volta nella tua applicazione, cioè nel modulo root dell'app. I moduli funzione dovrebbero usare *forChild*.

Quando il percorso di una route è attivato, le componenti referenziate all'interno delle proprietà dello stato del router vengono renderizzati utilizzando *router-outlets*, cioè elementi dinamici che visualizzano una componente attivata. Le *router-outlets* possono anche essere annidate l'una nell'altra, formando relazioni del tipo padre-figlio.

Ogni volta che si verifica la navigazione all'interno dell'applicazione, il router utilizza l'URL a cui sta navigando e tenta di farlo corrispondere a un percorso nella struttura dello stato del router.

Ad esempio, l'URL *localhost:4200/anagrafiche/2* dovrebbe instradare e caricare *AnagraficheComponent*.

A questo punto la componente sarà in grado di accedere al parametro 2 e visualizzare l'anagrafica corrispondente. Un valore di percorso che inizia con due punti, ad esempio :id è noto come parametro obbligatorio.

E' importante sapere che la strategia usata è di tipo *first-match-wins* e che un path non definito genererà un errore. Questo vuol dire che verrà selezionato il primo URL che corrisponde a quanto inserito nella matrice, se presente.

Consideriamo un URL del tipo *localhost:4200/url-prova* che non è definito nella nostra matrice, stando a quanto detto in precedenza otterremo un errore, come possiamo gestire ciò?

Il path ** nell'ultimo route è un carattere jolly e ci viene in aiuto. Il router selezionerà questo percorso se l'URL richiesto non corrisponde a nessun percorso per le route definite in precedenza nella configurazione. Ciò è utile per visualizzare una pagina di tipo "404 - Non trovato" o reindirizzarla su un'altra route.

Un *path vuoto*, invece, rappresenta il percorso predefinito per l'applicazione, la componente da attivare quando il percorso nell'URL è vuoto, come in genere è all'inizio. Questa route predefinita reindirizza al percorso per l'*/home* e, pertanto, visualizzerà il file *HomeComponent*.

La proprietà *pathMatch* può assumere due valori: *full* o *prefix* e determina in che modo in cui il router confronterà i segmenti di URL nel *path*.

Il valore *prefix* controlla che il *path* è un prefisso della parte restante dell'URL ed è il valore preimpostato.

Al contrario, invece, il valore *full* controlla che il *path* corrisponde esattamente alla parte restante dell'URL, infatti è principalmente usato per effettuare dei *redirect*.

Di seguito un esempio con questi casi:

```
import { RouterModule, Route } from '@angular/router';

const ROUTES: Route[] = [
  { path: 'home', component: HomeComponent },
  { path: 'anagrafica',
    children: [
      { path: '', component: AnagraficheComponent },
      { path: ':id', component: AnagraficaComponent }
    ]
  },
  { path: '', redirectTo: '/home', pathMatch: 'full' },
  { path: '**', component: PaginaVuotaComponent }
];

@NgModule({
  imports: [
    RouterModule.forRoot(ROUTES)
```

```
        ]
    })
```

Abbiamo visto come navigare nella nostra applicazione e adesso che abbiamo un prototipo abbastanza funzionante ed interattivo grazie alle componenti e ai servizi, vedremo come interagire con il nostro server per recuperare o salvare i nostri dati, gestire le chiamate asincrone e gli errori.

Nel prossimo capitolo ci occuperemo degli *Observables* che sono indispensabili per gestire i dati delle chiamate asincrone.

Observables

Gli *observables* sostengono il passaggio di messaggi tra *publishers* e *subscribers* all'interno dell'applicazione. I vantaggi offerti rispetto ad altre tecniche (tipo le Promise) per la gestione degli eventi, di molteplici valori, della programmazione asincrona sono significativi e pertanto è consigliabile usare gli *observables* in Angular.

Per iniziare bisogna definire una funzione per pubblicare i valori ma questa funzione non verrà eseguita finché un consumatore non si iscrive all'*observable*. Il consumatore che si è "iscritto" riceverà le notifiche fino al completamento della funzione o sino al loro annullamento.

Gli *observables* hanno due caratteristiche fondamentali: sono *lazy* e possono avere più valori nel tempo.

Un esempio che descrive bene tali oggetti è la newsletter, tutti la conosciamo e sappiamo bene come funziona: per ogni abbonato viene creata una nuova newsletter perciò chi non è abbonato non le riceverà.

Il mittente decide quando inviare il contenuto, tutto ciò che l'abbonato deve fare è aspettare che arrivi nella casella di posta. Proprio come le newsletter gli *observables* sono cancellabili, è possibile annullare l'iscrizione.

Questo sono gli *observables* e se conosci le *promise* ti sarai accorto delle differenze:

1. Le *promise* restituiscono sempre un solo valore
2. Le *promise* non si possono annullare

Abbiamo quindi identificato due figure per comprendere gli *observables:* chi *produce i dati* e chi *consuma i* dati ma ci sono diversi modi in cui possono interagire.

Il primo modo è tramite il *metodo pull* cioè il consumatore di dati decide quando ottenere i dati dal produttore. Il produttore non è a conoscenza di quando i dati saranno consegnati al consumatore. Ogni funzione javascript utilizza il *metodo pull* infatti è come un produttore di dati e, il codice che chiama la funzione la sta consumando prendendo in input un singolo valore dall'invocazione.

Il secondo modo è il metodo *push* ovvero il contrario del *pull*. Il produttore dei dati decide quando il consumatore li riceverà (vedi la newsletter di prima). Le *promise*, oggi, sono il modo più comune di spingere i dati tramite JavaScript. Una *promise* (il produttore) fornisce un valore alle callback registrate (i consumatori), ma a differenza delle funzioni, è la *promise* che è incaricata di determinare con precisione quando quel valore è mandato alle callback.

Gli *observables* sono un nuovo modo di spingere i dati in JavaScript. Un *observable* è un produttore di più valori, che li "spinge" verso gli abbonati.

Di seguito un semplice HttpClient con un metodo che ritorna un *observable:*

```
import { Observable } from "rxjs/Rx"
import { Injectable } from "@angular/core"
import { Http, Response } from "@angular/http"

@Injectable()
export class HttpClient {

    constructor(public http: Http) {}

    public recuperaUtenti() {
        return this.http.get("/api/utenti").map((res: Response) => res.json())
    }
}
```

Probabilmente ci piacerebbe mostrare gli utenti in una sorta di lista, quindi facciamo qualcosa con questo metodo. Poiché questo metodo restituisce un *observable*, dobbiamo sottoscriverlo. In Angular possiamo sottoscrivere un *observable* in due modi:

1. ci iscriviamo ad un *observable* nel nostro modello usando la pipe async. Il vantaggio di questo è che Angular si occupa della sottoscrizione durante il ciclo di vita di una componente. Angular si iscriverà e si cancellerà automaticamente per te. Non dimenticare di importare il *CommonModule* nel tuo modulo, poiché la pipe asincrona verrà esposta da questo.

   Di seguito il nostro codice TypeScript:

```
import { Component } from "@angular/core"
import { Observable } from "rxjs/Rx"

import { HttpClient } from "../services/client"

import { IUtente } from "../services/interfaces"
```

```
@Component({
    selector: "lista-utenti",
    templateUrl:  "./template.html",
})
export class ListaUtenti {

    public utenti$: Observable<IUtente[]>

    constructor(
        public client: HttpClient,
    ) {}

    // recupero gli utenti all'init della componente
    public ngOnInit() {
        this.utenti$ = this.client.recuperaUtenti()
    }

}
```

Di seguito l'uso della variabile utenti nel template:

```
<ul class="list" *ngIf="(utenti$ | async).length">
    <li class="utente" *ngFor="let utente of utenti$ | async">
        {{ utente.nome }} - {{ utente.data_nascita }}
    </li>
</ul>
```

Usare il simbolo del dollaro ($) nel nome di una variabile che è un *observable* è considerata una best practice. In questo modo è facile identificare se la tua variabile è *observable* o meno.

2. ci iscriviamo all'*observable* usando il metodo subscribe() attuale. Questo può essere utile se vuoi fare qualcosa con i dati prima di visualizzarli. Lo svantaggio è che devi gestire tu stesso la sottoscrizione.

Come potrai notare la logica del template è molto simile mentre quella della componente può diventare molto complessa in questo caso. Ti consiglio, quindi, di usare questo modo solo se necessario in quanto mantenere aperte le sottoscrizioni mentre non le usi è inefficiente.

Codice della componente:

```
import { Component } from "@angular/core"
import { HttpClient } from "../services/client"
import { IUser } from "../services/interfaces"

@Component({
    selector: "lista-utenti",
    templateUrl: "./template.html",
})
export class ListaUtenti {

    public utenti: IUtente[]

    constructor( public client: HttpClient ) {}

    public ngOnInit() {
        this.client.recuperaUtenti().subscribe((utenti: IUtente[]) => {

            // Elaborazioni sulla variabile utenti
            // ....

            // assegno i dati alla proprietà della classe
            // in modo che sia visibile al template
            this.utenti = utenti
        })
    }
}
```

Codice del template:

```html
<ul class="list" *ngIf="utenti.length">
    <li class="utente" *ngFor="let utente of utenti">
        {{ utente.nome }} - {{ utente.data_nascita }}
    </li>
</ul>
```

Adesso proviamo a creare un nostro *observable*, è abbastanza semplice. Gli *observable* vengono creati utilizzando il costruttore *new Observable()*, sottoscritto da un *observer*, eseguito invocando il metodo *next()* ed infine distrutto dal metodo *unsubscribe()*.

```javascript
import { Observable } from "rxjs/Observable"

// creo observable
const mioObservable = new Observable((observer) => {

    // eseguo observable
    observer.next("bla bla bla")
    observer.complete()
})

// sottoscrivo l'observable
mioObservable.subscribe()

// elimino la sottoscrizione
mioObservable.unsubscribe()
```

Gli *observables* sono *lazy* perciò finché non vengono sottoscritti non si attiverà il meccanismo che vedremo. È bene sapere che quando ti iscrivi ad un "osservatore", ogni chiamata al *subscribe()* scatenerà la propria esecuzione indipendente per quel determinato osservatore. Le chiamate di sottoscrizione non vengono condivise tra più abbonati allo stesso *observable*.

140

Il codice all'interno di un *observable* rappresenta l'esecuzione degli *observables*. Sul parametro che è stato dato durante la creazione ci sono tre funzioni disponibili per inviare i dati agli abbonati:

- *next*: invia qualsiasi valore come *Numbers*, *Array* o oggetti ai suoi abbonati.
- *error*: invia un errore o un'eccezione Javascript
- *complete*: non invia alcun valore.

Le chiamate del *next* sono le più comuni in quanto consegnano effettivamente i dati ai propri abbonati. Durante l'esecuzione dell'*observable* ci possono essere chiamate infinite al metodo *observer.next()* ma, quando viene invocato *observer.error()* o *observer.complete()*, l'esecuzione si interrompe e nessun altro dato sarà consegnato agli abbonati.

Poiché l'esecuzione può continuare per un periodo di tempo infinito, è necessario un modo per impedirne l'esecuzione.

Poiché ogni esecuzione è eseguita per ogni iscritto, è importante non mantenere aperte le iscrizioni per gli abbonati che non necessitano più di dati, poiché ciò significherebbe uno spreco di memoria e potenza di calcolo.

Quando ti iscrivi a un *observable*, si ottiene un "abbonamento", che rappresenta l'esecuzione in corso. Basta chiamare *unsubscribe()* per annullare l'esecuzione.

Per spiegare il funzionamento della sottoscrizione, creiamo un nuovo *observable*. Possiamo utilizzare il costruttore per la creazione di nuove istanze ma in questo caso cogliamo l'occasione per approfondire dei metodi della libreria RxJS che creano semplici *observables*:

- *of(...items)* - Restituisce un'istanza dell'oggetto *Observable* che restituisce gli argomenti sincronicamente.
- *from(iterable)* - Converte il suo argomento ad un'istanza di *Observable* e serve di solito per convertire un array in *observable*.

```
// Creo un observable che manda 3 valori
const mioObservable = of( ,  , );

// Creo un observer
const mioObserver = {
  next: x => console.log('Observer ha il valore: ' + x),
  error: err => console.error('Observer ha un errore: ' + err),
  complete: () => console.log('Observer ha una completato l\'esecuzione'),
```

```
};

// Eseguo la sottoscrizione
mioObservable.subscribe(mioObserver);

// Logs:
// Observer ha il valore: 1
// Observer ha il valore: 2
// Observer ha il valore: 3
// Observer ha una completato l'esecuzione
```

Nota bene che la funzione *next()* potrebbe ricevere, ad esempio, messaggi di tipo stringa o oggetti, valori numerici o strutture, a seconda del contesto. In termini generali, facciamo riferimento ai dati pubblicati da un *observable* come flusso. Qualsiasi tipo di valore può essere rappresentato con un *observable* e i valori vengono pubblicati come flusso.

Poiché gli *observable* generano valori in modo asincrono, un blocco *try / catch* non rileva gli errori in modo efficace. Per questo motivo, quindi, bisogna gestire gli errori specificando un callback di errore sull' *observable*. Generando un errore l'*observable* ripulisce tutti gli abbonamenti e smette di produrre valori.

Esempio pratico di Observer

Vediamo adesso un tipico caso d'uso degli *observable*: l'algoritmo di *backoff esponenziale*.

Si tratta di una tecnica in cui si riprova un'API dopo aver ottenuto un errore, allungando il tempo tra i tentativi successivi ad ogni errore consecutivo. Viene impostato un numero massimo di tentativi e, una volta raggiunto, la richiesta viene considerata fallita. Implementare questo meccanismo con *promise* e altri metodi di tracciamento delle chiamate tipo AJAX può risultare abbastanza difficile.

Con gli *observables*, è molto facile e potete usare questo esempio anche nella vostra applicazione:

```javascript
import { pipe, range, timer, zip } from 'rxjs';
import { ajax } from 'rxjs/ajax';
import { retryWhen, map, mergeMap } from 'rxjs/operators';

function backoff(maxTries, ms) {
 return pipe(
    retryWhen(attempts => zip(range( , maxTries), attempts)
      .pipe(
        map(([i]) => i * i),
        mergeMap(i =>  timer(i * ms))
      )
    )
 );
}

ajax('/api/endpoint')
  .pipe(backoff( ,   ))
  .subscribe(data => handleData(data));

function handleData(data) {
  // ...
}
```

Differenze con le promise

Gli *observables* sono spesso paragonati alle *promise*. Ecco alcune differenze chiave:

- Gli *observables* sono dichiarativi; l'esecuzione non inizia fino alla sottoscrizione. Le *promise* vengono eseguite immediatamente alla creazione. Gli *observables,* perciò, diventano utili per definire le formule da eseguire ogni volta che è necessario il risultato.

  observables:

  ```
  // dichiarazione
  new Observable((observer) => { subscriber_fn });
  // inizio dell'esecuzione
  observable.subscribe(() => {
      // observer notifica il risultato
  });
  ```

  promise:

  ```
  // inizia l'esecuzione
  new Promise((resolve, reject) => { executer_fn });
  // gestisce il risultato
  promise.then((value) => {
      // gestisce il risultato qui
  });
  ```

- Gli *observables* forniscono più valori mentre le promise ne forniscono solo uno. Questo rende gli *observables* utili per ottenere più valori nel tempo.

- Gli *observables* distinguono tra sottoscrizione e concatenamento. Le promise hanno solo la clausola *.then()*. La creazione di formule di trasformazione complesse che possono essere utilizzate da un'altra parte del sistema, senza che il lavoro venga eseguito è la vera forza degli *observables*.

  observables:

  ```
  observable.map((v) => *v);
  ```

  promise:

  ```
  promise.then((v) => *v);
  ```

- La responsabile della gestione degli errori è la funzione *subscribe()*. Le *promise* mandano gli errori alle *promise* figlie. Questo rende gli *observables* utili per una gestione centralizzata e prevedibile degli errori.

  observables:

  ```
  obs.subscribe(() => { throw Error('errore'); });
  ```

  promise:

  ```
  promise.then(() => { throw Error('errore'); });
  ```

Comunicare via HTTP

Nell'era moderna il protocollo HTTP è molto utilizzato da applicazioni che hanno un front-end che comunica con i servizi di back-end. Ricorriamo al servizio Http fornito da Angular per permettere al nostro front-end di scambiare dati tramite API messe a disposizione da un server remoto. Il servizio Http ci permette di mandare delle richieste HTTP al server il quale, una volta elaborate, ci manderà una risposta. Ogni risposta verrà analizzata da Angular in modo che sia fruibile dalla nostra applicazione.

Quando facciamo chiamate a un server esterno, vogliamo che il nostro utente possa continuare ad interagire con la pagina. Non vogliamo che la nostra pagina si blocchi fino a quando la richiesta HTTP non ritorni dal server remoto.

Per ottenere questo effetto, le nostre richieste HTTP sono asincrone che, storicamente, sono più complicate da trattare rispetto a quelle sincrone.

In JavaScript, ci sono generalmente tre approcci per trattare il codice asincrono:

1. Callbacks
2. Promises
3. Observables

In Angular, il metodo preferito per gestire il codice asincrono è tramite l'uso di Observables perciò utilizzeremo questa tecnica per il nostro esempio.

Andiamo ad implementare il nostro sistema integrando dei semplici metodi CRUD per il software della gestione del personale, riprendendo l'esempio precedente.

La prima cosa da fare per utilizzare un *HttpClient* è definirlo nel file *app.module.ts* come segue:

```typescript
import { HttpClientModule } from '@angular/common/http';
.....
imports: [
  BrowserModule,
  HttpClientModule
]
```

Successivamente possiamo iniziare con la creazione del nostro servizio e dei metodi CRUD:

```typescript
import { Injectable } from '@angular/core';
import { HttpClient } from '@angular/common/http';
import { Anagrafica } from "../model/anagrafica.model";
```

```
@Injectable()
export class AnagraficheService {
  constructor(private http: HttpClient) { }
  baseUrl: string = 'http://localhost:8080/anagrafiche';

  getAnagrafiche() {
    return this.http.get<Anagrafica[]>(this.baseUrl);
  }

  getAnagraficaById(id: number) {
    return this.http.get<Anagrafica>(this.baseUrl + '/' + id);
  }

  createAnagrafica(anagrafica: Anagrafica) {
    return this.http.post(this.baseUrl, anagrafica);
  }

  updateAnagrafica(anagrafica: Anagrafica) {
    return this.http.put(this.baseUrl + '/' + anagrafica.id, anagrafica);
  }

  deleteAnagrafica(id: number) {
    return this.http.delete(this.baseUrl + '/' + id);
  }
}
```

La nostra componente utilizzerà il servizio e ne gestirà le risposte in questo modo:

```
recuperaAnagrafiche(): void {
    this.loading = true;
    this.anagraficheService.getAnagrafiche().subscribe(
        this.data    = data;
        this.loading = false;
    );
```

}

Nell'esempio abbiamo utilizzato i metodi più comuni dell'*http* quindi adesso che la nostra applicazione è funzionante e integrata con il back-end dobbiamo soltanto fare il deploy, come farlo lo vedremo nel prossimo ed ultimo capitolo.

Il deploy in produzione

E' finalmente giunto il momento in cui, dopo tanto lavoro (e dopo tanti test), puoi finalmente portare in ambiente di produzione la tua app Angular su un server remoto.

Durante tutta la fase di sviluppo abbiamo utilizzato il comando *ng serve* per effettuare la build, watch ed eseguire l'esecuzione dell'applicazione dalla memoria locale, usando *webpack-dev-server*.

Quando sei pronto al passaggio in produzione, per costruire l'app e deployarla, devi usare il comando:

ng build

Sia *ng serve* che *ng build* svuotano la cartella di output prima di effettuare la build del progetto, tale cartella, di default, si trova in */dist/nome-progetto*. Puoi comunque modificare questo percorso cambiando il file *angular.json* ed in particolare la proprietà *outputPath*.

Quando ti avvicini alla fine del processo di sviluppo, pubblicare i contenuti della tua cartella di output da un server web locale può darti un'idea migliore di come si comporterà l'applicazione quando verrà distribuita su un server remoto. Avrai bisogno di due terminali per ottenere l'esperienza *live-reload*.

Sul primo terminale dovrai usare la modalità *watch* per compilare l'app nella cartella *dist* ed avere un comportamento simile a *ng serve:*

ng build --watch

Sul secondo terminale, invece, dovrai installare un web server (tipo *lite-server*) e avviarlo puntando alla cartella *dist:*

lite-server --baseDir="dist"

Se invece vuoi effettuare il deploy direttamente sul server remoto, devi creare una build di produzione e copiare il contenuto della directory di output sul web server.

Utilizza il comando seguente per creare la build di produzione:

ng build --prod

Copia tutti i file creati nella cartella *dist/,* adesso non ci resta che configurare il server per reindirizzare le richieste di file mancanti alla pagina *index.html.* Cosa vuol dire questo? Lo spiego immediatamente.

Una applicazione Angular è perfetta per servire semplice HTML statico, non c'è bisogno di un server back-end per comporre le pagine dell'applicazione perchè lo fa Angular lato client.

Un server statico ritorna sempre *index.html* quando riceve una richiesta del tipo *http://www.miosito.com/,* ma rifiuta *http://www.miosito.com/anagrafiche/42* e restituisce un errore di tipo 404 - Not Found a meno che non sia configurato per restituire *index.html.*

Il problema non si presenta quando l'utente naviga verso quell'URL da un client in esecuzione. Il router Angular interpreterà l'URL e instraderà la richiesta verso quella pagina e l'anagrafica richiesta.

Esistono delle casistiche in cui il problema potrebbe presentarsi ad esempio aggiornando il browser mentre si è nella pagina di dettaglio dell'anagrafica, inserendo l'indirizzo nella barra degli indirizzi del browser o cliccando su un collegamento in un'e-mail. Le azioni descritte vengono gestite dal browser, fuori dell'applicazione in esecuzione. La richiesta diretta al server per l'URL richiesto viene effettuata direttamente dal browser, senza passare dal router.

Ogni server ha una configurazione diversa ma in genere, bisogna aggiungere una regola di riscrittura. Per Apache andremo a modificare il file *.htaccess,* per Nginx bisogna usare bisogna usare *try_files,* per IIS server così come per Firebase bisogna aggiungere una regola di riscrittura.

Vediamo, adesso, cosa fa esattamente quel parametro --*prod* così possiamo capire come sono strutturati i file generati. Ecco un dettaglio delle azioni che vengono eseguite:

- Pre-compilazione dei template (conosciuto come AOT)
- Viene abilitata la modalità di produzione che consente di definire delle variabili diverse tra produzione e sviluppo
- Bundling: concatena tutti i file di applicazioni e di libreria in bundle
- Rimuove codice inutilizzato e i moduli senza riferimento
- Uglification: riscrive l'intero codice per utilizzare nomi criptici e brevi
- Minificazione: rimuove commenti, spazi bianchi e token opzionali

In applicazioni molto grandi e con problemi di performance può essere utile caricare solo i moduli necessari all'avvio dell'app, caricandoli in modalità *lazy* cioè su richiesta oppure posticipando il caricamento degli altri moduli e del relativo codice.

Conclusioni

Adesso che hai completato il deploy della tua Web App e hai appreso le basi di Angular puoi continuare a sviluppare con questo framework. Ti consiglio di aggiornare sempre la versione di Angular e, dato che parliamo di un framework in continua evoluzione, ti consiglio le guide ufficiali per effettuare gli upgrade futuri al seguente link: https://update.angular.io/.

Vi ringraziamo per la lettura e ci auguriamo che continuerete a sviluppare mossi dalla passione per questo lavoro e dal fascino dei nuovi framework e ricordate: 'Stay hungry, stay foolish'.

jQuery

Premessa

Ormai siamo circondati dalla tecnologia, sblocchiamo il nostro cellulare centinaia di volte per controllare chat, social ma soprattutto navigare in rete. Ogni sito Web che visitiamo ha una propria struttura, una propria tecnologia alla base ma tutti si rifanno ad HTML, CSS e JavaScript. Queste tecnologie sono alla base della formazione di qualunque sviluppatore Frontend (e non solo) ma ormai da un po' di tempo è necessario conoscere anche jQuery in quanto si tratta di un framework utilizzato sia nei vecchi siti Web che in quelli nuovi. jQuery è spesso integrato con soluzioni più recenti come Angular e React sebbene non sia consigliato ma talvolta le esigenze, soprattutto in grandi progetti, tolgono spazio alle best practice.

jQuery è nato nel 2006 dall'ingegno di John Resig con l'idea di snellire il codice e garantire la massima compatibilità con librerie esterne. In ambito di sviluppo Frontend compatibilità è la parola chiave, motivo per il quale i test devono essere condotti con più browser diversi, versioni diverse e schermi di varie dimensioni per accertarsi che tutto funzioni come ci aspettiamo. Fossilizzarsi su un monitor specifico e su un browser specifico non è assolutamente il modo migliore per sviluppare un sito Web.

A chi si rivolge il libro

Se volete creare siti web che si basino su standard e che siano interattivi, dovete essere in grado di sfruttare una delle più importanti ed emergenti tecnologie di sviluppo. Questo e-book vi permette di capire a fondo i più importanti strumenti di jQuery per risolvere qualunque problema il Web vi presenti. Il testo si focalizza sulla libreria principale e su come integrare jQuery nelle vostre pagine web. Con queste informazioni sarete quindi in grado di affrontare e superare tutti i compiti più critici che dovrete affrontare per creare siti web potenti e interattivi. Questo e-book spiega come manipolare gli elementi del DOM e lavorare con i dati, quali sono gli step per utilizzare i form HTML, fornisce tutte le competenze per animare gli elementi e sfruttare le proprietà CSS, creando fantastici effetti visivi. Infine durante la tua fase di apprendimento analizza le best practice per scrivere codice jQuery efficiente ed ottimizzare il tuo sito ed estendere gli oggetti JavaScript.

Questo libro si rivolge a studenti, webmaster o semplicemente a persone curiose di conoscere e approfondire questo framework. E' gradita la conoscenza, seppur minima, di come funziona una pagina Web, cos'è l'*HTML*, CSS e JavaScript. Questo perché con jQuery abbiamo a disposizione molte funzionalità partendo dalla manipolazione degli stili CSS per arrivare alla manipolazione dell'HTML passando per le animazioni, gestione degli eventi e chiamate AJAX.

Dov'è il codice?

I riferimenti al codice verranno evidenziati con un font `monospaziato` e colori diversi in modo da evidenziare le parole chiavi di jQuery. Le porzioni di codice saranno auto-consistenti o faranno riferimenti a programmi già spiegati in capitoli o paragrafi precedenti.

I programmi si presenteranno nella seguente forma:

```
$(document).ready(function(){
  $("button").click(function(){
    $("#div1").addClass("bigText red");
  });
});
```

Tramite l'uso di un commento seguito da una freccia spiegheremo a cosa servono le istruzioni che stiamo usando, mostreremo l'output di una funzione o del codice proposto come segue:

```
$("p").html();
//"testo del <strong>paragrafo</strong>"
```

Requisiti

jQuery è uno dei framework che tutti gli sviluppatori Web dovrebbero conoscere perché insieme ad *HTML*, *CSS* e *JavaScript* racchiude gli elementi principali per una pagina o un'applicazione Web.

Le basi

Prima di iniziare a spiegare meglio jQuery è fondamentale conoscere il suo carattere chiave ovvero il simbolo del *$* che sostanzialmente è un alias del nome del framework. La caratteristica fondamentale del framework è la sua essenzialità, si tratta infatti di una sintassi davvero concisa e senza inutili orpelli.

Il simbolo $ consente di usare un efficiente motore di selezione che avremo modo di approfondire nei prossimi capitoli ma consente anche di concatenare più selezioni come mostriamo nell'esempio seguente:

```
$("#customLink").text("Mio Link").css("color","red");
//cambio il testo del link ed imposto il colore rosso
```

In questo esempio abbiamo selezionato l'elemento della nostra pagina HTML con id *customLink* e abbiamo impostato la proprietà *text* con una stringa, successivamente, abbiamo modificato il CSS ed in particolar modo la proprietà *color* impostandola a *red* (rosso).

Cos'è jQuery?

jQuery è nata essenzialmente come una libreria per JavaScript ma con il passare del tempo si è integrata così bene (frutto di 15 anni di continuo sviluppo) che può essere considerato un vero e proprio framework. Il motto di questa libreria è *"write less, do more"* cioè scrivi meno codice e fai di più. Potrai notare, leggendo le righe di codice jQuery, che tutte le varie funzionalità offerte dalla libreria seguono questo approccio ed è anche per questo che aziende come Google e Microsoft hanno adottato tale tecnologia.

Esistono diverse versioni di jQuery ma per i nostri sviluppi utilizzeremo una delle ultime ovvero la 3.4.1. jQuery offre, di solito, un file compresso per la produzione e un file non compresso, utile ai fini di sviluppo e test. Nel nostro caso utilizzeremo il file non compresso in modo da familiarizzare di più con la libreria.

Vantaggi di jQuery

In questo paragrafo andiamo ad analizzare quali sono i punti di forza di jQuery e perché preferirlo ad altre soluzioni. Oltre a quanto già esplicitato è bene ricordare la parola chiave in ambito di sviluppo Frontend: **compatibilità**. Non possiamo pretendere che tutti i milioni di utenti che visitano il nostro sito abbiano la stessa nostra versione di browser con lo stesso schermo, è una follia. In tal caso jQuery si offre come un ottimo garante della compatibilità del codice grazie al metodo `jQuery.noConflict()`. In tal modo anche se per caso jQuery venisse incluso due volte nella stessa pagina (pensiamo a grandi progetti) non verrà restituito alcun errore ma verrà restituito lo scope della prima istanza.

Un altro aspetto da non sottovalutare riguarda la numerosa community che supporta questo progetto Open Source rendendolo sempre più completo e maturo.

Infine, ma non meno importante, la sintassi efficiente e la semplicità d'uso che lo rendono davvero unico nel suo genere.

Svantaggi di jQuery

Uno dei grandi svantaggi di jQuery è che solitamente è più lento del CSS o di JavaScript, la sua semplicità è la sua croce e delizia. Se puoi fare qualcosa con CSS e JavaScript in modo nativo il tuo codice sarà eseguito molto più velocemente. Questo è dovuto al fatto che jQuery non è stato pensato per le interazioni lato client, il suo scopo è quello di semplificare le attività per i programmatori esperti che sanno come sfruttarne le potenzialità. Se usato in modo improprio jQuery diventa uno strumento pericoloso in quanto il codice diventerà sempre più grande e complesso fino a diventare ingestibile.

Un altro svantaggio di jQuery è dato dalle numerose versioni che sono state sviluppate che rendono difficile o comunque rognoso l'upgrade ad una nuova versione. La community ha in parte risolto questo problema rilasciando un *jQuery Migrate* che rende più semplice tale processo.

Programmare con jQuery

Prima di tutto è fondamentale scaricare la libreria o fare in modo che la pagina Web che stiamo sviluppando la scarichi per noi. Dato che stiamo sviluppando e sicuramente ricaricheremo diverse volte la pagina consiglio di scaricare dal sito la libreria in modo da poterla caricare all'occorrenza dal nostro *filesystem* piuttosto che eseguire una chiamata HTTP ogni volta.

Dopo aver scaricato la libreria la includiamo come segue nella pagina HTML:

```
<head>
    <script src="jquery-3.4.1.js"></script>
</head>
```

In alternativa potremmo integrare la libreria con una chiamata HTTP verso un CDN come Google:

```
<head>
    <script src="https://ajax.aspnetcdn.com/ajax/jQuery/jquery-3.4.1.js">
    </script>
</head>
```

Iniziamo ad utilizzare jQuery e, così come per i file JavaScript, abbiamo diversi scenari possibili: in una pagina HTML, fuori da una pagina HTML o utilizzare la console di un qualsiasi browser. Suggeriamo la lettura di tutti i metodi proposti in quanto possono rivelarsi tutti utili anche per capirne le differenze e quale possa essere il più appropriato a noi.

Nella pagina HTML

L'HTML è un linguaggio di markup usato per la creazione di pagine Web, i suoi elementi sono i blocchi che costruiscono la pagina e sono rappresentati da *tag*. Esistono diversi tipi di tag e devi pensare la tua pagina come un giornale considerando un titolo, sottotitolo, paragrafo ecc. ma arricchito di contenuti multimediali come audio e video. Ogni tag è composto ed inizia per parentesi angolari <> e termina con </>.

In questo caso il nostro codice jQuery può essere incluso in un tag *<script></script>* proprio come avviene per il codice JavaScript.

Fuori da una pagina HTML

Un altro metodo di inclusione del codice jQuery all'interno di una pagina HTML è tramite la creazione di un file con estensione *.js*, in tal modo la pagina scaricherà il file JavaScript ed interpreterà il codice.

Console del browser

Oltre a moltissimi IDE disponibili online e davvero ben fatti come https://stackblitz.com/ e https://jsfiddle.net/ che consentono di creare pagine Web e vederne l'anteprima real-time è possibile usare la console del proprio browser per brevi funzioni che ad ogni modo non vengono trascritte sui file in locale. Possiamo quindi pensare di creare una breve pagina HTML in questi editor sfruttando quello che abbiamo già appreso.

Utilizziamo StackBlitz e nella sezione relativa al codice HTML includeremo jQuery e mostreremo un messaggio in rosso se l'esecuzione di jQuery non va a buon fine, verde altrimenti.

```
<html>
  <head>
    <script src="https://code.jquery.com/jquery-3.4.1.min.js" integrity="sha256-
FgpCb/KJQlLNfOu91ta32o/NMZxltwRo8QtmkMRdAu8="
    crossorigin="anonymous"></script>
    <script>
      $(document).ready(function() {
        $('#test').html('<em>Funziona!</em>');
        $('#test em').css({color: '#0c0'});
      });
    </script>
  </head>
  <body>
    <h1>Test</h1>
    <p id="test"><strong style="color:#f00;">Non funziona</strong></p>
  </body>
</html>
```

Come avrai notato abbiamo posizionato nel tag *head* della pagina il codice che vogliamo eseguire in modo da forzarne il caricamento prima del rendering della pagina. Il primo tag *script* serve per eseguire il download della versione minificata (ideale per la produzione perché più leggera) di jQuery, mentre il secondo tag *script* contiene delle istruzioni da eseguire. In particolar modo abbiamo utilizzato il selettore *$* per ritrovare l'elemento con id *test* e ne abbiamo cambiato il codice HTML, successivamente abbiamo cambiato una proprietà CSS ovvero il colore del testo. Approfondiremo meglio i metodi usati in questo esempio nei prossimi capitoli.

Statement e sintassi

Gli statement sono delle istruzioni che consentono principalmente di eseguire azioni sull'HTML pertanto la sintassi di jQuery si basa sul selezionare un elemento e poi eseguire un'azione. La sintassi è

$(selettore).azioneDaEseguire();

Il segno *$* serve per accedere al motore di selezione, il selettore serve a trovare gli elementi HTML all'interno della pagina ed infine è presente l'azione da eseguire su tale/i elemento/i.

Con jQuery possiamo davvero fare di tutto in modo molto semplice ed intuitivo senza compromettere la leggibilità e la concisione del codice scritto. E' buona norma eseguire il codice dopo che la pagina sia stata interamente caricata e pronta per evitare di bloccare il rendering pertanto dobbiamo jQuery offre il metodo *ready(function)* sull'elemento *document:*

```
$(document).ready(function(){
  // istruzioni jQuery
});
```

Questo metodo è davvero molto usato e risulta davvero utile per evitare problemi di inizializzazione e rendering ma, in realtà, esiste anche una versione equivalente più concisa che forse non tutti conoscono:

```
$(function(){
  // istruzioni jQuery
});
```

Poichè jQuery è sostanzialmente una libreria JavaScript non offre molto supporto riguardo le utilità generiche infatti si basa molto sui metodi JavaScript nativi. Potremo usare la funzione *$.map(array, function)* che itera fra gli elementi dell'array e applica ad ognuno la funzione passata in input.

```
$.map([0, 1, 2], function(elem) {
  return elem > 0 ? elem + 1 : null;
});
// [2, 3]
```

La funzione mostrata rappresenta un utile esempio per creare un nuovo array dove ad ogni elemento dell'array originale viene aggiunto 1 se è maggiore di 0, se è minore di 0 viene rimosso.

Altre funzioni utili per la gestione degli array sono *$.grep(array, function)*, *$.each(array, function)* e *$.merge(array1, array2)*. La funzione *grep* è simile a *map* in quanto cerca gli elementi in un array che soddisfano una funzione passata in input restituendo un nuovo array senza modifica quello in input:

```
$.grep([0, 7, 8], function(n, i) {
  return n > 0;
});
// [7, 8]
```

Un altro metodo per iterare su qualsiasi oggetto o array è *$.each()*, nel caso si tratti di un oggetto la funzione in input accetta una coppia di parametri che indicano la chiave ed il valore. Nel caso in cui si itera su un array tale coppia di parametri indicano l'indice e il valore.

```
var obj = {
  "lavoro": "operaio",
  "contratto": "indeterminato"
};
$.each(obj, function(key, value) {
  alert(key + ": " + value);
});

// lavoro: operaio
// contratto: indeterminato
```

In questo caso abbiamo iterato sull'oggetto appena creato e vengono creati degli avvertimenti con il metodo *alert()* nativo di JavaScript.

Adesso utilizziamo lo stesso metodo per iterare su un array che contiene valori numerici:

```
$.each([5, 7], function(index, value) {
  alert(index + " : " + value);
});

// 0 : 5
// 1 : 7
```

L'ultima funzione riguardo gli array consente di unirne due grazie al metodo $.merge(array1, array2), il metodo non rimuove elementi duplicati pertanto:

```
var primo = ["a", "b", "c"];
var secondo = ["c", "d", "e"];
$.merge(primo, secondo);

// ['a', 'b', 'c', 'c', 'd', 'e']
```

Oggetti

Per quanto concerne gli oggetti, così come per gli array, jQuery riutilizza ciò che JavaScript mette a disposizione nativamente. Le funzioni offerte sono: $.each(object, function), $.extend(destObj, ...sourceObjs), $.isPlainObject(object), $.isEmptyObject(object).

La funzione $.extend() consente di unire il contenuto di due o più oggetti nel primo oggetto passato in input. Di seguito mostriamo un esempio:

```
var mela = {
  peso: 52
};
var pera = {
  prezzo: 5,
  'qualità': 'B+'
};
var merged = {};

// Unisco mela e inventario
$.extend(merged, mela, pera);
alert(JSON.stringify(merged));

// {"peso":52,"prezzo":5,"qualità":"B+"}
```

In questo caso le proprietà dell'oggetto mela e pera sono state unite nell'oggetto merged tramite la funzione $.extend() e successivamente con il metodo nativo JSON.stringify() abbiamo mostrato il risultato in un alert box.

Talvolta può essere utile capire se una variabile contiene un oggetto e, nel caso, verificare se l'oggetto è vuoto oppure no. jQuery mette a disposizione due funzioni che fanno ciò, rispettivamente $.isPlainObject(object) e $.isEmptyObject(object):

```
var object = {"peso":52,"prezzo":5,"qualità":"B+"};
var isObject = $.isPlainObject(object);
if (isObject) {
    alert('E\' un oggetto');
    var objVuoto = $.isEmptyObject(object);
    alert(objVuoto ? 'E\' vuoto' : 'Non e\' vuoto');
} else {
    alert('Non e\' un oggetto');
}

// E' un oggetto
// Non e' vuoto
```

DOM

Cos'è?

Il DOM, o Document Object Model, è l'interpretazione del browser della pagina Web che ti sta mostrando. Se fai clic con il pulsante destro del mouse su una qualsiasi pagina Web e fai clic su Ispeziona, nel riquadro Elementi verrà visualizzato il DOM. Potrebbe apparire proprio come il tuo codice index.html, ma ricorda che gran parte di quel contenuto HTML viene solitamente reso dinamicamente da un server usando un linguaggio lato server come, per esempio, PHP.

Aprendo una pagina web nel browser, esso recupera il testo HTML della pagina e lo analizza ovvero crea un modello della struttura del documento che utilizza per disegnare la pagina sullo schermo. Questa rappresentazione è una struttura dati che puoi leggere o modificare in tempo reale: quando viene modificata, la pagina sullo schermo viene aggiornata per riflettere le modifiche.

Selezionare elementi del DOM

Risulta chiara la funzione del motore di selezione di jQuery ed è questa la sua potenza ma adesso vediamo come è possibile selezionare gli elementi che ci interessano del DOM. E' possibile selezionare qualsiasi elemento, a partire da un identificativo univoco, dal tag name, da una classe di stile. E' addirittura possibile navigare attraverso il DOM tramite i figli o fratelli di un elemento selezionato. Ma vediamo come.

```
$("p");
//tutti i paragrafi nel documento

$("#carrello");
//seleziona un singolo elemento con id "carrello"

$("a.carrello");
//solo i link con classe "carrello"
```

Per comprendere questa sintassi bisogna conoscere un po' di HTML e CSS infatti il tag *<p></p>* in HTML racchiude un paragrafo ed è ciò che recuperiamo nella prima riga dell'esempio. In questo modo recupereremo tutti i paragrafi dichiarati nel documento.

Con la seconda istruzione abbiamo recuperato un singolo elemento contraddistinto dall'id *carrello*, ricordiamo che l'attributo *id* in una pagina HTML definisce un identificatore **univoco** nell'intero documento.

Nella terza istruzione vengono recuperati tutti i link con classe di stile *carrello*, come avrai notato la sintassi che viene utilizzata è la stessa sintassi usata per i selettori CSS.

Proprio come per i selettori CSS è possibile usare selettori gerarchici ovvero dei selettori che sfruttano le relazioni tra i vari nodi che compongono il DOM. Possiamo sfruttare, quindi, la relazione *padre-figlio* tra due nodi del DOM, selezionare gli elementi adiacenti e non ad un dato nodo. Vediamo nel dettaglio questi selettori a partire dal più conosciuto sulla relazione *padre-figlio* tramite figli diretti:

```
$("div#container p");
```

In questo caso tramite lo spazio abbiamo selezionato i paragrafi contenuti nel *div#container* cioè i paragrafi discendenti del div con *id* pari a *container*.

Dato il seguente codice HTML, lo statement jQuery restituirà solo i primi due paragrafi:

```html
<div id="container">
    <p class="titolo">Primo paragrafo</p>
    <div>
        <p>Secondo paragrafo</p>
    </div>
</div>
<div id="main">
    <p>Terzo paragrafo</p>
</div>
```

Se vogliamo selezionare un figlio diretto del nodo padre è necessario usare il selettore appropriato (>). La differenza con il selettore precedente consiste nel fatto che in questo caso il secondo paragrafo non verrà selezionato perché non è figlio diretto del *div* con *id* pari a *container*.

```javascript
$("div#container > p");
```

E' possibile ottenere il riferimento ad un "fratello" adiacente al nodo selezionato tramite il selettore denotato dal simbolo +. Nel nostro esempio possiamo ottenere il riferimento al *div* all'interno del *container* tramite il paragrafo con classe *titolo* oppure possiamo selezionare il *div* adiacente al paragrafo all'interno del *container*.

```javascript
$("#container p + div");
```

Se con il simbolo + è possibile selezionare i fratelli adiacenti al nodo scelto, con il simbolo tilde (~) è possibile selezionare i fratelli non adiacenti al nodo scelto. Mostriamo un esempio aggiornando la pagina HTML:

```html
<div id="container">
    <p class="titolo">Primo paragrafo</p>
    <div>
        <p>Secondo paragrafo</p>
    </div>
    <h1>Super-titolo</h1>
</div>
<div id="main">
    <p>Terzo paragrafo</p>
</div>
```

In particolar modo ho inserito un tag *h1* ovvero un grande titolo dopo il *div* all'interno del *container*. Adesso tramite jQuery andremo a selezionare quel tag *h1* e ne cambieremo anche il colore facendolo diventare rosso:

```javascript
$("#container p ~ h1").css('color','red');
```

jQuery offre anche la possibilità di filtrare i risultati del selettore in modo simile a quanto accade per i selettori CSS.

Con questi filtri è possibile raggruppare o selezionare gli elementi figli di un nodo, si può selezionare il primo figlio con il filtro :*first-child*, l'ultimo figlio con il filtro :*last-child* oppure possiamo usare un filtro più complesso come :*nth-child()* che consente di selezionare tutti gli elementi che sono n-esimi figli del nodo.

Prendiamo in considerazione la seguente pagina HTML:

```
<!doctype html>
<html lang="it">
    <head>
        <meta charset="utf-8">
        <title>Filtri di selettori</title>
        <style>
            li {
                color: black;
            }
            li.verde {
                color: green;
                font-weight: bolder;
            }
        </style>
        <script src="https://code.jquery.com/jquery-3.4.1.js"></script>
    </head>
    <body>

        <div>
            <ul>
                <li>Audi</li>
                <li>BMW</li>
                <li>Fiat</li>
                <li>Land Rover</li>
                <li>Mercedes</li>
                <li>Tesla</li>
                <li>Volvo</li>
            </ul>
        </div>

        <script>
        $("li:first-child")
          .hover(function() {
            $(this).addClass("verde");
          }, function() {
            $(this).removeClass("verde");
          });
        </script>
        </body>
</html>
```

In questo esempio abbiamo utilizzato la funzione *hover* che consente di associare una funzione quando il mouse si posiziona su un elemento ed un'altra quando il mouse non è più sull'elemento scelto. In questo caso se il mouse si posiziona sul primo elemento della lista verrà applicata la classe di stile *verde*.

Qualora fosse necessario selezionare l'ultimo elemento della lista ci basterebbe passare da *$("li:first-child")* a *$("li:last-child")* e quindi posizionando il mouse su *Volvo* questo verrà evidenziato in verde e in grassetto. Spostando il mouse dall'ultimo elemento della lista verrà innescata la seconda funzione che rimuove la classe CSS e quindi gli stili applicati in precedenza.

```
$("li:last-child")
```

Dopo aver visto i filtri più semplici analizziamo l'uso del filtro *:nth-child(param)* che consente di selezionare tutti gli elementi che sono l'ennesimo figlio di un nodo scelto ma non solo.

Vediamo come selezionare il terzo elemento della lista:

```
$("li:nth-child(3)")
```

In questo modo il terzo elemento della lista verrà selezionato e *Fiat* verrà evidenziato in verde. Sicuramente ti starai chiedendo perché abbiamo dato in input il parametro 3 anziché il parametro 2, come ti aspettavi. Questo è dovuto al fatto che l'implementazione di jQuery è strettamente collegata a quella CSS pertanto gli indici non partono da 0 (0-indexed) bensì da 1 (1-indexed). Questo può trarre in inganno ed è un aspetto da tenere bene a mente perché può portare spesso errori o confusione. I metodi *$.first()* e *$.eq()*, invece, ereditano dalle implementazioni di JavaScript pertanto i loro indici partono da 0.

Con questo filtro possiamo usare anche delle parole chiave che ci consentono di selezionare soltanto gli elementi pari, solo gli elementi dispari o, addirittura, tutti gli elementi che verificano un'equazione. Le parole chiave da usare sono rispettivamente *even* e *odd*, mentre nel caso dell'equazione basta specificarla all'interno delle parentesi come parametro di input.

```
$("li:nth-child(even)")
// BMW, Land Rover, Tesla

$("li:nth-child(odd)")
// Audi, Fiat, Mercedes, Volvo

$("li:nth-child(4n+1)")
// Audi, Mercedes

$("li:nth-child(5n-1)")
// Land Rover
```

I filtri risultano particolarmente interessanti anche perché consentono di filtrare anche sugli attributi dei singoli elementi. Questi metodi risultano molto utili perché facili da ricordare, grazie alla sintassi simile a quella CSS ma anche grazie alla loro semplicità. Il motore di selezione è davvero preciso e ben collaudato, frutto di continuo sviluppo nell'ultimo decennio.

Potremmo selezionare immagini che hanno larghezza pari a 500px e recuperarne la sorgente:

```
$("img[width='500px']").attr('src')
// a.gif
```

Assumendo che la pagina HTML sia così definita:

```
<!doctype html>
<html lang="it">
    <head>
      <meta charset="utf-8">
      <title>Filtri di attributi</title>
      <script src="https://code.jquery.com/jquery-3.4.1.js"></script>
    </head>
    <body>

    <img title="prova1" width="500px" src="a.gif"/>
    <img title="prova2" src="" />
    <img title="prova3" height="200px" src="b.gif"/>
    <img title="prova4" />

    <script>
    alert($("img[width='500px']").attr('src'));
    </script>
    </body>
</html>
```

Inavvertitamente nella pagina abbiamo inserito un'immagine senza sorgente ovvero senza l'attributo *src* ed un'immagine con l'attributo *src* impostato a stringa vuota, andiamo a recuperare questi elementi con jQuery:

```
$("img[src=''], img:not([src])")
// prova2, prova4
```

Come avrai notato ci sono un po' di novità in questo statement: la prima riguarda l'uso della virgola per separare i due selettori; la seconda è l'uso del *:not* per indicare l'assenza dell'attributo *src* all'interno del *tag*. La virgola consente di selezionare sia gli elementi che hanno *src=''*, quindi una stringa vuota, sia i tag di tipo immagine che non hanno proprio dichiarato l'attributo *src*.

Quando è necessario fare delle selezioni basandosi su più attributi si può raggruppare in questo modo:

```
$("img[src=''][title^='prova'])
// prova2
```

Nell'esempio verranno, quindi, restituiti tutte le immagini con l'attributo *src* pari a stringa vuota che hanno anche il titolo che inizia con (^=) la stringa *'prova'*. E' importante notare che entrambi gli attributi devono essere presenti all'interno dello stesso tag ovvero *img* in questo caso.

Come abbiamo avuto modo di notare, jQuery offre diverse opportunità per navigare nel DOM e cercare degli elementi ma esistono dei metodi dedicati. Il metodo più utilizzato è *.find()* che ricerca elementi figli all'interno di una collezione di elementi in base al parametro ricevuto in input.

```html
<!doctype html>
<html lang="it">
    <head>
      <meta charset="utf-8">
      <title>find demo</title>
      <style>
      span {
        color: blue;
      }
      </style>
      <script src="https://code.jquery.com/jquery-3.4.1.js"></script>
    </head>
    <body>
        <p><span>Buongiorno</span>, signore!</p>
        <p>Buongiorno <span>Filippo</span>.</p>
        <div>Com'è il tempo <span>oggi</span> ?</div>

        <script>
            var spans = $("span");
            $("p").find(spans).css("color", "green");
        </script>
    </body>
</html>
```

Nell'esempio precedente abbiamo cercato tutti i tag di tipo *span* e solo quelli all'interno dei paragrafi vengono modificati in verde, lasciando in blu tutti gli altri. Pertanto il primo *Buongiorno* e *Filippo* saranno di colore verde mentre *oggi* sarà di colore blu. In modo simile opera il metodo *.children()* che consente di ricercare solo i discendenti diretti in quella collezione.

Abbiamo visto finora come scendere nella navigazione dell'albero di padre in figlio, adesso vediamo come muoverci verso l'alto (per avere il riferimento al padre), verso sinistra e destra in modo da selezionare elementi contigui.

Il metodo *.parents()* consente di cercare tra gli antenati di questi elementi nella struttura DOM e costruire un nuovo oggetto jQuery con gli elementi che vengono restituiti in ordine dal genitore più vicino a quello più lontani. Quando nel set originale sono presenti più elementi DOM, anche il set risultante sarà in ordine *inverso* rispetto agli elementi originali, con i duplicati rimossi. In questo contesto si inserisce anche il metodo *.parent()* che si ferma al primo livello trovato ovvero al primo genitore, al contrario di *.parents()* che risale l'intero albero.

Nel prossimo esempio analizzeremo le differenze tra i due metodi infatti imposteremo il colore dello sfondo a verde all'intero documento o soltanto al *livello-1*. Utilizzando il metodo *.parents()* il colore verde sarà applicato ai tag *<html>*, *<body>*, *<ul class="livello-1">* mentre con il metodo *.parent()* il colore verde verrà applicato alla lista non ordinata con la classe di stile denominata *livello-1*.

Consideriamo il seguente codice HTML:

```
<!doctype html>
<html lang="it">
    <head>
      <meta charset="utf-8">
      <title>Test parent</title>
      <script src="https://code.jquery.com/jquery-3.4.1.js"></script>
    </head>
    <body>
        <ul class="livello-1">
            <li class="stadio-i">I</li>
            <li class="stadio-ii">II
            <ul class="livello-2">
              <li class="stadio-a">A</li>
              <li class="stadio-b">B
                <ul class="livello-3">
                  <li class="stadio-1">1</li>
                  <li class="stadio-2">2</li>
                  <li class="stadio-3">3</li>
                </ul>
              </li>
              <li class="stadio-c">C</li>
            </ul>
            </li>
            <li class="stadio-iii">III</li>
        </ul>

        <script>
            $(".stadio-iii").parents().css("background-color", "green");
        </script>
    </body>
</html>
```

Per scorrere verticalmente useremo il metodo *next(param)* per ottenere il fratello immediatamente successivo nel set di elementi corrispondenti. Se viene fornito un selettore in input, recupererà il fratello successivo solo se corrisponde al selettore. Il metodo *prev(param)* ha lo stesso comportamento ma recupera il fratello precedente.

```
$(".stadio-b").prev().css("background-color", "orange");
$(".stadio-b").next().css("background-color", "orange");
```

In questo modo verranno evidenziati in arancione il fratello precedente e successivo al nodo con classe *stadio-b* ovvero *stadio-a* e *stadio-c*. Esistono anche dei metodi per ottenere tutti i fratelli precedenti o tutti i fratelli successivi e rispettivamente verrà usato *.prevAll()* o *.nextAll()* mentre *.siblings()* restituisce tutti gli elementi precedenti e seguenti al nodo scelto.

Inserire elementi nel DOM

La parte migliore dei moderni siti Web consiste nell'interazione tra le varie componenti della pagina quindi il come i diversi elementi sono collegati tra loro. Questi elementi si presentano all'utente, di solito in modo intelligente, per far in modo che l'utente non si "perda" all'interno della pagina tra informazioni non rilevanti.

Un esempio per tutti: pensiamo ad un carrello di prodotti, in fase di acquisto l'utente può essere un privato o un'azienda pertanto la nostra pagina dovrà prevedere una scelta di questo tipo. La pagina dovrà quindi prevedere anche i dati legati ad un cliente privato e i dati legati all'azienda come partita IVA, sede legale ecc. Mostrare tutti i dati in un'unica soluzione al cliente sarebbe un'idea folle perché quasi certamente indurrebbe il cliente ad abbandonare la pagina. Un'idea molto più elegante e funzionale sarebbe quella di chiedere il tipo di utente all'inizio magari con uno switch graficamente accattivante o con dei radio button e poi, in base alla scelta effettuata, mostrare i dati per il cliente privato o per l'azienda.

Tutto questo è possibile grazie a jQuery che consente di aggiungere dinamicamente degli elementi all'interno del DOM, magari usando anche qualche animazione perché anche l'occhio vuole la sua parte!

È possibile aggiungere o inserire elementi all'interno del DOM utilizzando jQuery ed i suoi metodi *$.append()* e *$.prepend()*. Il metodo *$.append()* jQuery inserisce il contenuto alla fine degli elementi corrispondenti, mentre il metodo *$.prepend()* inserisce il contenuto all'inizio degli elementi corrispondenti. Lo statement seguente ha la funzione di creare due radio button per la scelta del nostro esempio.

```
<!DOCTYPE html>
<html>
<head>
    <title>Esempio jQuery</title>
    <script src="//ajax.googleapis.com/ajax/libs/jquery/3.4.1/jquery.min.js"></script>
    <script>
        $(document).ready(function() {
            $("body").append('<input type="radio" id="privato" name="tipo" value="P">');
            $("body").append('<label for="privato">Privato</label>');
            $("body").append('<input type="radio" id="azienda" name="tipo" value="A">');
            $("body").append('<label for="azienda">Azienda</label>');
        });
    </script>
</head>
<body>
</body>
</html>
```

In questo modo abbiamo inserito nel DOM la stringa data in input al metodo *$.append()* che viene invocato sull'elemento *<body>* della pagina HTML. Ricordiamo che i radio button sono esclusivi ovvero la selezione dell'uno ne esclude l'altro perché l'attributo *value* è uguale, se fosse stato diverso sarebbero stato possibile selezionarli entrambi entrando in una contraddizione.

```
<!doctype html>
<html lang="it">
<head>
  <meta charset="utf-8">
  <title>jQuery append</title>
  <style>
      div {
        color: orange;
        font-size: 18px;
      }
  </style>
  <script src="https://code.jquery.com/jquery-3.4.1.js"></script>
</head>
<body>
    <div></div>
    <div></div>
```

```
    <script>
        $("div").html("<b>Aggiunto</b> Funziona!");
        $("div").first().text("<b>Aggiunto</b> Funziona!");
        $("div b").append(document.createTextNode("!")).css("color", "red");
    </script>
</body>
</html>
```

Nell'esempio precedente abbiamo introdotto altri due metodi per la creazione di elementi nel DOM, uno ci consente di modificare il contenuto HTML e l'altro quello testuale di una collezione. Si tratta rispettivamente del metodo *$.html()* e *$.text()*. L'esempio precedente utilizza questi due metodi evidenziandone chiaramente il loro compito: con la prima riga dello script viene effettuato il rendering del contenuto della stringa e viene incollato ad ogni *<div>*. Nell'istruzione successiva selezioniamo soltanto il primo elemento di tipo *div* presente in pagina e usando il metodo *$.text()* ne viene modificato il contenuto. Nella terza istruzione, infine, selezioniamo tutti i *<div>* che contengono un testo in grassetto e aggiungiamo un nuovo nodo contenente un punto esclamativo cambiando il colore.

Il risultato di questa pagina sarà:

Aggiunto Funziona!

Aggiunto! Funziona!

E' fondamentale ricordare, come avrai notato, che il metodo *$.text()* non effettua il rendering del suo contenuto infatti i tag HTML non sono stati riconosciuti come tali.

Se questo non ti dovesse bastare, jQuery mette a disposizione anche altri metodi per inserire elementi contigui in un determinato punto del DOM. I metodi in questione sono *$.after(), $.before(), $.insertAfter()* e *$.insertBefore()*. Questi metodi accettano uno o più parametri che vengono inseriti prima/dopo l'elemento selezionato.

Facciamo qualche esempio per chiarire:

```
<!DOCTYPE html>
<html>
<head>
    <title>Esempio after</title>
    <script
src="//ajax.googleapis.com/ajax/libs/jquery/3.4.1/jquery.min.js"></script>
    <style>
        p {
            color: green;
        }
    </style>
</head>
<body>
    <div class="container">
      <h2>Appello</h2>
      <div class="inner">Filippo</div>
      <div class="inner">Antonio</div>
      <div class="inner">Giovanni</div>
      <div class="inner">Claudio</div>
      <div class="inner">Renzo</div>
    </div>
    <script>
```

```
$(document).ready(function() {
    $(".inner").after("<p>Presente</p>");
});
</script>
</body>
</html>
```

In questo esempio abbiamo utilizzato il metodo *$.after()* per simulare la domanda e risposta in caso di appello, evidenziando il paragrafo che viene aggiunto di colore verde. Il risultato è il seguente:

Appello

Filippo

Presente

Antonio

Presente

Giovanni

Presente

Claudio

Presente

Renzo

Presente

Modificando il metodo invocato in *$.before()* il comportamento sarà inverso ovvero prima di ogni nome ci sarà un paragrafo con la stringa *Presente* di colore verde.

I metodi *$.insertBefore()* e *$.insertAfter()* seguono una logica inversa infatti prima viene definito l'elemento da aggiungere e come parametro si specifica l'elemento al quale aggiungerlo. Utilizzando questi metodi il risultato resta uguale rispetto a *$.after()* e *$.before()* ma sinceramente li preferiscono perché rendono il codice "parlante". Avere un codice pulito e "parlante" non è soltanto una best practice ma è anche un atto d'amore verso voi stessi e verso il prossimo, il codice ben scritto aiuta la comprensione e non solo a voi stessi.

Dulcis in fundo, come dicevano i latini, il metodo più strabiliante ovvero quello che credo vi stupirà così come ha stupito me la prima volta che l'ho usato. Stiamo parlando del metodo *$.wrap()* che consente di avvolgere un elemento con un altro da noi specificato e passato in input al metodo. Questo metodo consente in input un parametro di tipo stringa (l'elemento da aggiungere) oppure una funzione di callback. Partendo dal caso più semplice, vediamo nel dettaglio come funziona sulla nostra pagina HTML di esempio usata in precedenza:

```
$(".inner").wrap("<div class='studente'></div>");
```

In questo caso ogni elemento che ha classe *inner* verrà avvolto in un *<div>* che ha una classe di stile *studente*. Questo è il caso più semplice e produce il seguente output:

```
<div class="container">
  <h2>Appello</h2>
  <div class="studente"><div class="inner">Filippo</div></div>
  <div class="studente"><div class="inner">Antonio</div></div>
  <div class="studente"><div class="inner">Giovanni</div></div>
  <div class="studente"><div class="inner">Claudio</div></div>
  <div class="studente"><div class="inner">Renzo</div></div>
</div>
```

Adesso vediamo come è possibile usare una funzione come input di questo metodo: immaginiamo di voler creare la stessa struttura ma al posto di una generica classe *studente* vogliamo un *id* con il nome dello studente. Questo compito può essere assegnato ad una funzione simile:

```
$(".inner").wrap(function() {
    return "<div id='" + $(this).text() + "'></div>";
});
```

Il risultato è proprio quello che ci aspettiamo ovvero:

```
<div class="container">
  <h2>Appello</h2>
  <div id="Filippo"><div class="inner">Filippo</div></div>
  <div id="Antonio"><div class="inner">Antonio</div></div>
  <div id="Giovanni"><div class="inner">Giovanni</div></div>
  <div id="Claudio"><div class="inner">Claudio</div></div>
  <div id="Renzo"><div class="inner">Renzo</div></div>
</div>
```

Con questo metodo abbiamo concluso il grande capitolo relativo all'aggiunta di elementi al DOM, dal quale abbiamo capito quali sono i metodi principali per coprire ogni esigenza.

Sostituire e rimuovere elementi

Così come è semplice aggiungere elementi nel DOM risultano altrettanto semplici le operazioni di sostituzione, rimozione e duplicazione di un elemento. Si tratta di pochi metodi ma davvero utili e, soprattutto, facili da ricordare con una sintassi pulita e lineare.

Per sostituire un elemento è utile il metodo *$.replaceWith()* che viene invocato sull'elemento da aggiornare e accetta in input il nuovo valore. Per rimpiazzare un elemento basterà un semplice statement:

```
$("#Claudio").replaceWith("<p>Assente</p>");
```

Come puoi notare verrà selezionato l'elemento con *id* pari a *Claudio* e il suo contenuto verrà sostituito con il paragrafo che contiene la stringa *Assente* di colore verde.

Una caratteristica da tenere a mente di questo metodo è che restituisce l'oggetto jQuery originario e che fa riferimento, quindi, all'elemento del DOM che è stato eliminato.

Come nel caso precedente potremmo usare un metodo che ha lo stesso scopo ma logica inversa, stiamo parlando del metodo *$.replaceAll()*:

```
$("<p>Assente</p>").replaceAll('#Claudio');
```

Dato che *Claudio* risulta assente abbiamo deciso di eliminarlo dall'appello, per fare ciò è sufficiente invocare il metodo *$.remove()* come segue dopo aver selezionato l'elemento:

```
$("#Claudio").remove();
```

Il risultato sarà il seguente:

Appello

Filippo

Antonio

Giovanni

Renzo

Il metodo *$.remove()* è simile al metodo *$.empty()* che consente di svuotare un elemento di tutto il suo contenuto. Potremmo usare questo metodo per ripulire l'intera lista di nomi che compongono la nostra pagina ed avere un appello senza alcuno studente.

Nel caso di clonazione di un elemento risulta particolarmente utile il metodo *$.clone()* che in modo molto semplice duplica gli elementi selezionati ridefinendoli come elementi della collezione.

Questo metodo consente solo la clonazione dell'elemento ma non l'aggiunta in automatico pertanto dovremo ricordarci di inserire l'elemento nel DOM con uno dei metodi che abbiamo visto finora:

```
<!DOCTYPE html>
<html>
<head>
    <title>Esempio di clonazione e aggiunta al DOM</title>
    <script src="//ajax.googleapis.com/ajax/libs/jquery/3.4.1/jquery.min.js"></script>
    <style>
        p {
            color: green;
        }
    </style>
</head>
<body>
    <div class="container">
        <h2>Appello</h2>
        <div class="inner">Filippo</div>
        <div class="inner">Antonio</div>
```

```
    <div class="inner">Giovanni</div>
    <div class="inner">Claudio</div>
    <div class="inner">Renzo</div>
</div>


<script>
    $(document).ready(function() {
        $( ".inner" ).wrap(function() {
            return "<div id='" + $( this ).text() + "'></div>";
        });
        $("#Claudio").clone().insertBefore('#Renzo');
    });
</script>
</body>
</html>
```

In questo caso abbiamo duplicato l'elemento con *id* pari a *Claudio* e l'abbiamo inserito prima dell'elemento con *id* pari a *Renzo*. Così facendo *Claudio* risulterà duplicato ed avremo due elementi uguali nel DOM.

Stile con CSS

Giunti a questo punto abbiamo imparato a giocare con gli elementi del nostro DOM e, come dei maghi, abbiamo creato nuovi elementi, cambiato la forma di altri e cancellati altri ancora. Ora che abbiamo maggiore confidenza con jQuery possiamo pensare di giocare un po' con gli stili modificando il CSS. Partiremo da esempi molto semplici per arrivare gradualmente a quelli più complessi.

Iniziamo dalle basi approfondendo qualche metodo già accennato in precedenza: *$.css()* consente di recuperare o modificare le proprietà CSS di un elemento. Quando viene invocato con un solo parametro recupera l'attributo richiesto, con due parametri ne imposta la proprietà.

Immaginiamo di dichiarare una classe di stile che imposta il colore tutti i paragrafi a verde, aggiungiamo un paragrafo alla nostra pagina HTML ed eseguiamo questo statement:

```
alert($("p").css("color"));
// rgb(0, 128, 0)

$("p").css("color", "violet");
// Tutti i paragrafi sanno di colore viola
```

Il risultato sarà espresso nella forma RGB ovvero un modello di colori di tipo additivo inteso come la somma dei tre colori Rosso (Red), Verde (Green) e Blu (Blue), da cui appunto l'acronimo RGB.

Già con il metodo *$.css()* possiamo impostare tutte le proprietà di stile: dal colore dello sfondo al font, dall'altezza alla larghezza, dal bordo ai margini e tanto altro ancora. Basterebbe questo metodo quindi per permetterci di modificare lo stile degli elementi ma jQuery fornisce anche dei metodi specifici per gli attributi relativi a posizionamento e dimensioni degli elementi che vedremo a breve.

Possiamo utilizzare i metodi *$.hasClass()* e *$.addClass()* rispettivamente per verificare che un elemento abbia una classe di stile o aggiungerne una.

Di seguito mostriamo degli esempi:

```
<!doctype html>
<html lang="it">
<head>
  <meta charset="utf-8">
  <title>Esempio hasClass</title>
  <style>
      p {
         margin: 8px;
         font-size: 16px;
      }
      .selected {
         color: red;
      }
  </style>
  <script src="https://code.jquery.com/jquery-3.4.1.js"></script>
</head>
<body>
    <p>Questo pararafo è nero ed è il primo paragrafo</p>
    <p class="selected">Questo paragrafo è rosso ed è il secondo</p>
    <div id="div1">Il primo paragrafo ha la classe selected? </div>
    <div id="div2">Il secondo paragrafo ha la classe selected? </div>
    <div id="div3">Almeno un paragrafo ha la classe selected? </div>

    <script>
        $("#div1").append($("p").first().hasClass("selected").toString());
        $("#div2").append($("p").last().hasClass("selected").toString());
        $("#div3").append($("p").hasClass("selected").toString());
    </script>
</body>
</html>
```

Il risultato di questa pagina è:

```
Questo paragrafo è nero ed è il primo paragrafo
Questo paragrafo è rosso ed è il secondo

Il primo paragrafo ha la classe selected? false
Il secondo paragrafo ha la classe selected? true
Almeno un paragrafo ha la classe selected? true
```

Nel caso in cui volessimo aggiungere la classe *selected* all'ultimo paragrafo useremo questo statement:

```
$("p").last().addClass("selected");
```

Ritorniamo sui metodi specifici per il posizionamento e le dimensioni degli elementi con jQuery: questi consentono di recuperare o impostare valori come altezza o larghezza di un elemento, recuperare le coordinate del primo elemento o impostarle per ogni elemento e tanto altro. Vediamo i casi d'uso più frequenti ovvero quelli che si presentano spesso durante lo sviluppo di una pagina HTML con jQuery:

```
<!doctype html>
<html lang="it">
```

```
<head>
  <meta charset="utf-8">
  <title>width demo</title>
  <style>
      button {
        font-size: 12px;
        margin: 2px;
      }
      p {
        width: 150px;
        border: 1px red solid;
      }
      div {
        color: red;
        font-weight: bold;
      }
  </style>
  <script src="https://code.jquery.com/jquery-3.4.1.js"></script>
</head>
<body>
    <button id="getp">Larghezza paragrafo</button>
    <button id="getd">Larghezza document</button>
    <button id="getw">Larghezza finestra</button>
    <div></div>
    <p>
      Paragrafo di test!
    </p>

    <script>
        function mostraLarghezza(elem, w) {
          $("div").text(`La larghezza per ${elem} è ${w} pixel. `);
        }
        function mostraAltezza(elem, h) {
          $("div").append(`L'altezza per ${elem} è ${h} pixel.`);
        }
        $("#getp").click(function() {
          mostraLarghezza("paragrafo", $("p").width());
          mostraAltezza("paragrafo", $("p").height());
        });
        $("#getd").click(function() {
          mostraLarghezza("document", $(document).width());
          mostraAltezza("paragrafo", $("p").height());
        });
        $("#getw").click(function() {
          mostraLarghezza("finestra", $(window).width());
          mostraAltezza("paragrafo", $("p").height());
        });
        alert(JSON.stringify($("#getp").offset()));
    </script>
</body>
</html>
```

Come puoi notare in questo caso abbiamo usato un po' di funzioni e abbiamo introdotto anche un'esca per imparare qualcosa di nuovo. Abbiamo utilizzato $.width() per recuperare la larghezza del paragrafo, del document e della finestra del browser mentre con $.height() abbiamo recuperato l'altezza. Infine con la funzione $.offset() viene restituito un oggetto con due proprietà: top e left che indicano le coordinate di inizio dell'elemento rispetto al document.

Hai notato del codice strano o comunque diverso da quello che ti aspettavi? Ebbene si, ora che hai più confidenza con jQuery abbiamo inserito un elemento di confusione che conosci già se conosci bene JavaScript. Si tratta degli statement contenuti nelle funzioni mostraLarghezza() e mostraAltezza():

```
$("div").text(`La larghezza per ${elem} è ${w} pixel. `);
$("div").append(`L'altezza per ${elem} è ${h} pixel.`);
```

Probabilmente avrai pensato che ${elem} e ${h} fosse del codice jQuery così come lo abbiamo usato fino ad ora. Questo può trarre in inganno molti che non hanno solide basi in JavaScript e che si stanno approcciando a jQuery per la prima volta. Guardando attentamente lo statement noterai anche un accento diverso all'inizio della stringa che contiene il messaggio da visualizzare. Quello strano accento racchiude delle stringhe template in JavaScript ed chiamato backtick (o accento grave), si può stampare sul tuo schermo con la combinazione di tasti Alt + 96.

Questo modo di scrivere delle stringhe con dei segnaposti è anche detta interpolazione di stringhe ed è una funzione del linguaggio di programmazione davvero utile che consente di iniettare variabili direttamente in una stringa. E' da notare che fino al rilascio di ES6 l'interpolazione di stringhe non era disponibile in JavaScript. La mancanza di questa funzione ha portato ad un codice concatenato orribile che spesso somiglia a questo:

```
function stampa(stringa1, stringa2, stringa3) {
  return stringa1+ " deve essere stampata prima di" + stringa2 + " che deve
  essere stampata prima di " + stringa3;
}
```

Con l'interpolazione tutto diventa molto più leggibile e semplice da usare:

```
function stampa(stringa1, stringa2, stringa3) {
  return `${stringa1} deve essere stampata prima di ${stringa2}  che deve essere
  stampata prima di ${stringa3}`;
}
```

Questo modo risulta molto più utile e veloce ma può confondere le idee se viene utilizzato anche jQuery all'interno del progetto con JavaScript e standard ES6.

jQuery include una libreria di effetti, incluso il metodo di attivazione / disattivazione che mostreremo a breve. Le animazioni sono un buon esempio di funzionalità che è più semplice da utilizzare con jQuery piuttosto che con JavaScript.

In questo capitolo vedremo come gestire gli eventi in jQuery al fine di creare effetti ed animazioni o semplicemente eseguire delle funzioni quando viene premuto un pulsante. L'importanza degli eventi di jQuery consiste nella sua compatibilità con tutti i browser differentemente da alcune funzioni JavaScript che in alcuni browser (vedi Explorer) non vengono riconosciute o comunque non funzionano propriamente.

Associamo un evento al click di un pulsante:

```html
<!doctype html>
<html lang="it">
<head>
  <meta charset="utf-8">
  <title>Eventi</title>
  <style>
      p {
        background: yellow;
        font-weight: bold;
        cursor: pointer;
        padding: 5px;
      }
      p.over {
         background: #ccc;
      }
      span {
        color: red;
      }
  </style>
  <script src="https://code.jquery.com/jquery-3.4.1.js"></script>
</head>
<body>
    <p>Clicca una o due volte qui dentro</p>
    <span></span>

    <script>
        $("p").on("click", function(event) {
          var str = "(" + event.pageX + ", " + event.pageY + ")";
          $("span").text("Hai appena cliccato! Il mouse ha coordinate:  " + str);
        });
        $("p").on("dblclick", function() {
          $("span").text("Hai appena fatto doppio click!");
        });
        $("p").on("mouseenter mouseleave", function(event) {
          $(this).toggleClass("over");
        });
    </script>
</body>
</html>
```

In questo modo con il metodo $.on() abbiamo associato una funzione per l'elemento al verificarsi di un evento. Questo metodo collega il gestore di eventi all'elemento o all'insieme di elementi selezionato da jQuery. I gestori degli eventi sono associati solo agli elementi attualmente selezionati infatti questi devono

175

esistere nel momento in cui viene effettuata l'invocazione del metodo $.on(). Per garantire ciò è sufficiente posizionare l'invocazione del metodo dopo l'elemento HTML e alla fine del tag <body> in modo che sia stato effettuato il rendering di tale elemento. In questo esempio abbiamo sfruttato diversi eventi: click, dblclick, mouseenter e mouseleave. I primi due consentono di intercettare il click o il doppio click dell'utente su un elemento. Potremmo riusare questa funzione per eseguire delle istruzioni prima che l'utente apra un link ad un documento per esempio. Nell'esempio abbiamo usato anche due proprietà dell'event e si tratta di pageX e pageY che è un intero che rappresenta il valore in pixel della coordinata X o Y del puntatore del mouse, relativamente all'intero documento. La coordinata fa riferimento al momento in cui l'evento si è verificato. Questa proprietà tiene conto di ogni scorrimento orizzontale o verticale che è stato effettuato all'interno del browser.

L'evento mouseenter ci ha consentito di applicare una classe di stile al paragrafo quando il mouse "entra" nella sua area ovvero dove il paragrafo è definito. Ci accorgiamo di essere dentro l'area del paragrafo perché viene applicata la classe di stile ed il colore dello sfondo diventa grigio. L'ultimo evento, invece, ha esattamente lo scopo inverso infatti viene attivato quando ci si allontana dall'area del paragrafo e toglie la classe over aggiunta dal metodo precedente. Questo consente allo sfondo a tornare di colore giallo.

Fantastico jQuery vero? Con pochissime istruzioni si riesce a creare molta interattività che migliora l'esperienza utente. Con un po' di pratica sarai in grado di creare delle bellissime pagine HTML che renderanno i tuoi utenti felici e soddisfatti.

Così come è possibile associare delle funzioni ad un elemento, è possibile anche fare il contrario tramite il metodo $.off() che rimuove un gestore di eventi. Questo metodo può rimuovere un solo gestore di eventi già associato, molti gestori o addirittura tutti i gestori di eventi associati quando viene invocato senza parametri in input. Da notare che quando viene dato in input il nome di evento come click verranno eliminati tutti gli eventi di questo tipo dagli elementi nell'insieme di jQuery, per rimuovere uno specifico gestore di eventi è sufficiente passare in input il selettore desiderato.

Riprendiamo l'esempio precedente e rimuoviamo tutti i tipi di click sul paragrafo:

```html
<!doctype html>
<html lang="it">
<head>
  <meta charset="utf-8">
  <title>Eventi</title>
  <style>
      p {
         background: yellow;
         font-weight: bold;
         cursor: pointer;
         padding: 5px;
      }
      p.over {
         background: #ccc;
      }
      span {
         color: red;
      }
  </style>
  <script src="https://code.jquery.com/jquery-3.4.1.js"></script>
</head>
<body>
```

```
<p>Clicca una o due volte qui dentro</p>
<span></span>
<button id="rimuoviSingolo">Rimuovi singolo click</button>
<button id="rimuoviDoppio">Rimuovi doppio click</button>

<script>
    $( "p" ).on( "click", function( event ) {
      var str = "( " + event.pageX + ", " + event.pageY + " )";
      $( "span" ).text( "Hai appena cliccato! " + str );
    });
    $( "p" ).on( "dblclick", function() {
      $( "span" ).text( "Hai appena fatto doppio click!");
    });
    $( "p" ).on( "mouseenter mouseleave", function( event ) {
      $( this ).toggleClass( "over" );
    });
    $( "#rimuoviSingolo" ).click(function() {
      $( "p" ).off( "click");
    });
    $( "#rimuoviDoppio" ).click(function() {
      $( "p" ).off( "dblclick");
    });
</script>
</body>
</html>
```

Gli eventi più utilizzati per questo genere di associazioni sono: blur, focus, load, resize, scroll, unload, beforeunload, click, dblclick, mousedown, mouseup, mousemove, mouseover, mouseout, mouseenter, mouseleave, change, select, submit, keydown, keypress, keyup, error. Avrai notato che molti sono legati ad azioni del mouse, altre sono legate alle azioni della tastiera come la pressione di un tasto che può essere intercettata con tre eventi diversi (pulsante che scende, pulsante premuto, pulsante che risale), altri eventi sono legati all'inserimento dei dati in campi di input o form.

Adesso siamo pronti per creare qualche animazione di base. Qualche capitolo fa abbiamo fatto l'esempio di un carrello e del processo di check-out diverso per un cliente privato e per un'impresa. Adesso mostreremo un box animato con i dati relativi ad un utente privato o un'azienda in base alla scelta fatta tramite dei radio button.

```
<!doctype html>
<html lang="it">
<head>
  <meta charset="utf-8">
  <title>Carrello del cliente</title>
  <script src="https://code.jquery.com/jquery-3.4.1.js"></script>
</head>
<body>
    <input type="radio" id="privato" name="tipo" value="P">
    <label for="privato">Privato</label>
    <input type="radio" id="azienda" name="tipo" value="A">
    <label for="azienda">Azienda</label>
    <div id="boxPrivato">
      <form action="/submit.php">
        Nome:<br>
        <input type="text" name="nome">
        <br>
        Cognome:<br>
        <input type="text" name="cognome">
        <br><br>
```

```
                <input type="submit" value="Invia">
            </form>
    </div>
    <div id="boxAzienda">
        <form action="/submit.php">
            Nome Azienda:<br>
            <input type="text" name="nome">
            <br>
            Partita IVA:<br>
            <input type="text" name="piva">
            <br><br>
            <input type="submit" value="Invia">
        </form>
    </div>
    <script>
        $(document).ready(function() {
            $("#boxPrivato").hide();
            $("#boxAzienda").hide();
            $('input[type=radio][name=tipo]').change(function() {
                if (this.value == 'P') {
                    $("#boxAzienda").fadeOut("slow");
                    $("#boxPrivato").show('slow');
                }
                else if (this.value == 'A') {
                    $("#boxPrivato").hide("slow");
                    $("#boxAzienda").show('slow');
                }
            });
        });
    </script>
</body>
</html>
```

In questo esempio abbiamo creato parte di un'applicazione più complessa, l'animazione rende tutto più armonioso e fa comprendere davvero all'utente che qualcosa sta cambiando a seguito della sua azione. Puoi rimuovere il parametro slow dai metodi show, hide e fadeOut e noterai la differenza infatti l'animazione non ci sarà più o meglio, sarà molto più veloce. Senza l'animazione non si da modo e tempo all'utente di capire cosa succedendo nonostante le <label> siano diverse. Ricorda infine che il metodo $.hide() corrisponde al metodo $.css("display", "none").

Adesso usiamo un altro metodo che ci consente di definire delle animazioni per il nostro box come segue:

```
    <script>
        $(document).ready(function() {
            $("#boxPrivato").hide();
            $("#boxAzienda").hide();
            $('input[type=radio][name=tipo]').change(function() {
                if (this.value == 'P') {
                    $("#boxAzienda").fadeOut();
                    $("#boxPrivato").fadeIn();
                    $("#boxPrivato").hover(function() {
                        $("input[name=nome]").animate({ width: "200px" });
                        $("input[name=cognome]").animate({ width: "200px" });
                        $("input[type=submit]").animate({ width: "200px" });
                    });
                }
                else if (this.value == 'A') {
                    $("#boxPrivato").fadeOut();
                    $("#boxAzienda").fadeIn();
                    $("#boxAzienda").hover(function() {
```

```
                          $("input[name=nome]").animate({ width: "200px" });
                          $("input[name=piva]").animate({ width: "200px" });
                          $("input[type=submit]").animate({ width: "200px" });
                      });
                  }
              });
          });
      </script>
```

In questo modo però cambiando la scelta da Privato ad Azienda noteremo che su due elementi l'animazione non funziona infatti il campo nome e il tasto per l'invio appaiono già con la dimensione di 200px. Questo è dovuto al fatto che il selettore usato ha lo stesso nome pertanto vengono selezionati tutti i tag <input> con name pari a nome così come tutti gli <input> di tipo submit.

Per ovviare a questo problema possiamo scegliere di usare il metodo $.first() e $.last() che consentono di selezionare il primo e l'ultimo elemento da una collezione di elementi, in questo caso una lista di elementi di input. Il codice modificato si presenta così:

```
      <script>
          $(document).ready(function() {
              $("#boxPrivato").hide();
              $("#boxAzienda").hide();
              $('input[type=radio][name=tipo]').change(function() {
                  if (this.value == 'P') {
                      $("#boxAzienda").fadeOut();
                      $("#boxPrivato").fadeIn();
                      $("#boxPrivato").hover(function() {
                          $("input[name=nome]").first().animate({ width: "200px" });
                          $("input[name=cognome]").animate({ width: "200px" });
                          $("input[type=submit]").first().animate({ width: "200px" });
                      });
                  }
                  else if (this.value == 'A') {
                      $("#boxPrivato").fadeOut();
                      $("#boxAzienda").fadeIn();
                      $("#boxAzienda").hover(function() {
                          $("input[name=nome]").last().animate({ width: "200px" });
                          $("input[name=piva]").animate({ width: "200px" });
                          $("input[type=submit]").last().animate({ width: "200px" });
                      });
                  }
              });
          });
      </script>
```

Così come esiste un metodo per iniziare un'animazione ne esiste uno per fermare o cancellare un'animazione, si tratta del metodo $.stop() che senza parametri in input ferma l'effetto corrente e passa al successivo mentre passando true in input blocca anche le animazioni cancellando la coda.

L'ultimo esempio proposto è volto esclusivamente ad apprendere i vari metodi che jQuery mette a disposizione infatti un approccio migliore consisterebbe nel mappare i dati richiesti dalla nostra applicazione e cambiare dinamicamente le <label> per ogni singolo campo.

Questo approccio,in sostanza, eviterebbe di creare due <form> con le stesse informazioni assumendo che il campo nome possa essere associato sia al nome del cliente che al nome dell'azienda.

Rivediamo il codice utilizzando questo approccio per completezza e per consolidare le nostre basi di jQuery:

```
<!doctype html>
<html lang="it">
<head>
  <meta charset="utf-8">
  <title>Carrello del cliente</title>
  <script src="https://code.jquery.com/jquery-3.4.1.js"></script>
</head>
<body>
    <input type="radio" id="privato" name="tipo" value="P">
    <label for="privato">Privato</label>
    <input type="radio" id="azienda" name="tipo" value="A">
    <label for="azienda">Azienda</label>
    <form action="/submit.php">
        <label for="nome"></label>
        <input type="text" name="nome">
        <br>
        <div id="cognome">
            <label for="cognome"></label>
            <input type="text" name="cognome">
        </div>
        <br>
        <div id="piva">
            <label for="piva"></label>
            <input type="text" name="piva">
        </div>
        <br><br>
        <input type="submit" value="Invia">
    </form>
    <script>
        $(document).ready(function() {
            $("form").hide();
            $('input[type=radio][name=tipo]').change(function() {
                $("form").show();
                if (this.value == 'P') {
                    $("label[for='nome']").text("Nome");
                    $("#cognome").show();
                    $("label[for='cognome']").text("Cognome");
                    $("#piva").hide();
                }
                else if (this.value == 'A') {
                    $("label[for='nome']").text("Nome azienda");
                    $("#cognome").hide();
                    $("#piva").show();
                    $("label[for='piva']").text("Partita IVA");
                }
            });
        });
    </script>
</body>
</html>
```

Oltre all'effetto fade ovvero la dissolvenza esiste un altro tipo di animazione che jQuery ci offre e si tratta dell'effetto sliding ovvero lo scorrimento di una sezione della nostra pagina. Per utilizzare questo effetto sarà sufficiente invocare il metodo $.slideDown() e questo provvederà a far scorrere l'elemento sfruttandone l'altezza. E' possibile impostare anche la durata dello scorrimento ed una funzione da invocare quando l'animazione è completata, invocata solo una volta per animazione. I metodi correlati sono $.slideUp() e $slide.Toggle().

Browser e compatibilità

Come anticipato all'inizio il problema principale di ogni sistema Front-End è rendere la visualizzazione compatibile con tutti i browser e possibilmente con le ultime versioni perché nei laptop degli utenti si trova di tutto, a partire dai browser dedicati a garantire la privacy, ai browser installati anni fa nei terminali aziendali e mai aggiornati. Ogni utente dovrebbe avere la medesima esperienza sul sito o sulla pagina HTML che egli utilizzi Internet Explorer, Mozilla Firefox, Google Chrome o qualsiasi altro browser.

jQuery ci viene incontro dato che si tratta di una libreria e dato che garantisce piena compatibilità con Chrome, Edge, Firefox, Safari e compatibilità con Internet Explorer dalla versione 9 in poi.

Nel caso in cui tu abbia dei dubbi relativi alla compatibilità di una funzione nei vari browser ti consiglio di usare il sito https://caniuse.com che indica se tale funzione è supportata nel browser. Oltre a questo indica in quale versione del browser è supportata la funzione e quanto quella versione del browser è utilizzata dagli utenti. In tal modo potremmo capire quanto il nostro codice risulta portabile e quindi garantire a tutti gli utenti un'ottima esperienza sul nostro sito Web o sulle nostre pagine HTML.

Conclusioni

Come abbiamo visto jQuery è una libreria JavaScript che semplifica di molto le operazioni sul DOM, la gestione degli eventi e le animazioni. Ci consente di creare pagine HTML senza preoccuparci riguardo la compatibilità dei browser e ci consente di scrivere meno codice facendo di più, raggiungendo l'obiettivo con cui è nato. Le sue caratteristiche permettono agli sviluppatori JavaScript di astrarre le interazioni a basso livello tra interazione e animazione dei contenuti delle pagine. L'approccio di tipo modulare di jQuery consente la creazione semplificata di applicazioni web e versatili contenuti dinamici.

Con il passare del tempo jQuery è diventata una libreria fondamentale ed estremamente popolare tanto che viene utilizzata da molti siti Web, basti pensare che anche WordPress la usa. Nonostante spesso jQuery venga confuso con JavaScript risulta una libreria davvero utile ed efficiente per risparmiare tempo in fase di sviluppo ed ottimizzare le nostre pagine HTML.

Questo ci porta a riflettere riguardo l'efficienza e la verbosità di JavaScript e jQuery, il primo risulta molto più verboso ma efficiente, il secondo risulta più conciso sintatticamente ma meno efficiente rispetto a JavaScript nell'accesso al DOM.

Poiché JavaScript puro è il metodo più efficace per lo sviluppo lato client, esiste un motivo per utilizzarlo. Ma una libreria come jQuery ti aiuterà a raggiungere il mercato più velocemente e in modo più economico. Quindi, è meglio dipendere fortemente da jQuery per le versioni iniziali del prodotto, una volta che il tuo prodotto è stabilito nel mercato e hai dei ricavi, puoi tornare indietro ed eseguire un refactoring del codice, per poi andare avanti e codificare tutto lo script restante.

Se il tuo obiettivo è diventare uno sviluppatore front-end, la risposta alla domanda "jQuery o JavaScript" è semplice: impara JavaScript. Gli annunci di lavoro possono richiedere jQuery, ma la risposta è semplice per qualsiasi HR: preferiranno quasi sicuramente i candidati che conoscono JavaScript rispetto a quelli che conoscono jQuery.

Anche se un'azienda utilizza ampiamente jQuery, si presume che un candidato in grado di comprendere JavaScript possa apprendere jQuery in modo rapido e semplice. Imparare JavaScript è molto più difficile, anche se sei un maestro jQuery.

Con questo ebook abbiamo creato una buona base per imparare il core di jQuery, il resto tocca a te. La via migliore per imparare un nuovo linguaggio di programmazione o un framework, come in questo caso, è quella di fare molta pratica, crea un tuo progetto e vedrai che presto diventerai un maestro.

BOOTSTRAP

Premessa

La tecnologia pervade la nostra vita, siamo sempre più connessi, navighiamo in rete sempre di più pertanto è nata l'esigenza di creare dei framework Front-End che si occupino della corretta visualizzazione delle pagine per tutti gli utenti. Questo è un tema molto importante affinché ogni utente possa fruire al meglio del nostro sito Web. Ci sono tanti elementi che definiscono una soddisfacente *user experience* a partire dal tempo di caricamento per finire alle classi di stile applicate agli elementi.

Per queste esigenze è nato Bootstrap presso Twitter che ha deciso di renderlo accessibile a tutti solo nel 2011. Questo framework utilizza HTML, CSS e jQuery, è progettato per aiutare gli sviluppatori a creare rapidamente e facilmente siti Web reattivi e predisposti per dispositivi mobili compatibili con più browser. Bootstrap presenta una griglia a 12 colonne e componenti pronte per l'uso e in questo e-book ti aiuteremo ad apprendere Bootstrap 4, fornendo una panoramica di tutte le sue caratteristiche. Inizieremo con le opzioni di installazione, proseguendo con un'illustrazione degli stili di base che regolano la visualizzazione dei contenuti su piattaforme e browser diversi. Spiegheremo come utilizzare il sistema con griglia flexbox per creare quasi ogni tipo di layout che si possa immaginare, utilizzare diverse classi per costruire facilmente il progetto, lavorare con componenti interattive come menu a tendina, caroselli per le immagini e altro ancora.

A chi si rivolge il libro

Questo e-book è pensato per principianti, ma si suppone che ci siano alcune cose che conosci già. Suppongo che tu conosca già le basi di HTML e CSS, come lavorare con un file system, immagino che tu abbia realizzato alcuni progetti HTML prima di leggere questo e-book. Mi aspetto che tu abbia una certa esperienza, seppur minima, con i CSS. Proseguendo con la lettura potrai leggere degli esempi utili per iniziare e che puoi usare liberamente sul tuo ambiente di test o per iniziare il tuo nuovo ed ambizioso progetto. Quindi, se ti senti a tuo agio con questi requisiti, è tempo di iniziare.

Cos'è Bootstrap?

Bootstrap è un framework Web front-end creato da Twitter per una creazione rapida di applicazioni Web con un particolare focus sul dispositivo. Bootstrap può anche essere inteso principalmente come una raccolta di classi CSS che sono definite in esso e che possono essere semplicemente usate direttamente. Questo framework utilizza principalmente CSS, Javascript, jQuery ed è sbalorditivo il livello di maturità raggiunto durante nel corso degli anni.

Bootstrap semplifica la progettazione in quanto dobbiamo solo includere i file Bootstrap e menzionare i nomi di classe predefiniti nel framework per i nostri elementi della pagina Web e questi verranno automaticamente definiti tramite Bootstrap. In questo modo, non dovremo più scrivere le nostre classi CSS per dare uno stile agli elementi della pagina Web e soprattutto tutti gli elementi avranno uno stile coerente dato che condividono le stesse classi di stile. Bootstrap è progettato in modo tale da rendere reattivo il dispositivo al tuo sito Web e questo è lo scopo principale di esso. Bootstrap ti rende libero di scrivere un codice CSS e ti fa anche risparmiare tempo a progettare le pagine web.

Vantaggi di Bootstrap

Un framework presenta elementi predefiniti ovvero elementi già strutturati, offrendo la possibilità di utilizzare queste strutture al posto di crearle da zero. L'uso di un framework consente di rendere uguale la visualizzazione su tutti i browser proprio perché è il framework che si occupa di disporre gli elementi in base alle dimensioni della pagina.

Bootstrap consente una grande compatibilità con i browser dato l'importante apporto della community ed il costante sviluppo dal 2011 sino ad oggi. Questo aspetto basterebbe già a considerare l'uso di Bootstrap per il tuo progetto ma se lo uniamo alla possibilità di personalizzare le strutture predefinite, alla possibilità di usare jQuery, al famoso sistema a griglia, ci rendiamo conto che questo framework è davvero potente.

Tutto questo viene arricchito da una documentazione ben scritta che contempla molti casi d'uso. Le combinazioni di layout per la tua pagina HTML possono essere infinite ma è molto semplice trovare il layout che hai in mente in una pagina della documentazione.

Svantaggi di Bootstrap

Nonostante i numerosi vantaggi ci sono anche alcuni problemi per Bootstrap: in primis avremo spesso bisogno di sostituire le regole di stile o riscrivere dei file CSS. Questo può essere oneroso per rendere il design del tuo sito originale e non convenzionale. Se vuoi creare un sito Web fuori dagli schemi, probabilmente Bootstrap non è la scelta migliore per il tuo progetto. Creare un sito diverso dagli altri richiede molto lavoro e pesanti personalizzazioni pertanto questo potrebbe non essere l'approccio migliore. Tutti i siti che utilizzano Bootstrap sembrano simili infatti si è creata una sorta di struttura consolidata dove ci sono pochi template che si ripetono continuamente. Le interfacce realizzate con questo framework di solito non sono frutto del lavoro di un designer ma frutto di uno sviluppatore Web che non vuole preoccuparsi degli aspetti legati alla visualizzazione del sito pertanto sceglie uno strumento che se ne occupa.

Per poterci offrire tutto questo Bootstrap introduce un bel po' di codice che quindi appesantisce il rendering della pagina HTML e aggiunge verbosità al codice HTML. Bootstrap infatti ha bisogno di alcuni tag che definiscono un container al fine di usare questa famosa griglia di 12 colonne che vedremo nei prossimi capitoli. Tutto questo porta anche del codice CSS che probabilmente non utilizzi (sprecando risorse) ma che potrai utilizzare pertanto non conviene eliminarlo.

Infine una nota importante per quanto concerne la compatibilità con i browser: Bootstrap 4 non è compatibile con la versione 8 e 9 di Internet Explorer. Se il tuo sito deve essere visualizzato correttamente anche su queste versioni del browser devi utilizzare Bootstrap 3 che è ancora supportato solo per bugfix.

Installazione

La prima cosa che vorrai fare è installare il framework, e vuoi farlo in fretta senza perdere tempo buttandoti a capofitto nel codice. Ci sono diversi modi per installare Bootstrap, ma per la maggior parte dei progetti semplici, si finisce nell'usare un CDN ovvero una rete per la consegna di contenuti oppure si usano i file CSS e JavaScript pre-compilati di Bootstrap. Il CDN ha il vantaggio della velocità infatti una volta che un utente ha visitato un sito Web che utilizza un CDN, il codice Bootstrap viene salvato in un posto nella memoria chiamato cache. Ciò significa che il prossimo sito Web che utilizza lo stesso CDN non dovrà scaricare il codice. Un CDN richiede che lavori online e, per scopi di sviluppo, potrebbe non essere sempre possibile.

Il vantaggio di utilizzare un file pre-compilato è la possibilità di lavorare offline (molto utile se hai una connessione instabile o se lavori in mobilità). Ci sono tante altre possibilità per includere Bootstrap in un progetto ma approfondirò solo queste due opzioni, in quanto sono le più semplici.

E' bene sapere però, che è possibile utilizzare Sass per personalizzare l'installazione ed eseguire installazioni utilizzando gestori di pacchetti come Bower, NPM, Composer, Meteor. Se hai bisogno di aiuto con installazioni più complesse, consulta la documentazione Bootstrap.

CDN

Puoi installare Bootstrap nel modo che preferisci purché sia adatto alle tue esigenze. In questo caso useremo una CDN che è una rete di distribuzione di contenuti che necessita di un luogo che ospita librerie comuni come Bootstrap. Quando qualcuno visita un sito che utilizza un collegamento CDN, il suo browser controllerà la sua cache o memoria per vedere se il visitatore è stato su un sito simile che utilizza anche lo stesso collegamento. In tal caso, il browser caricherà la versione cache della libreria. Poiché è già archiviato in memoria, ciò rende il caricamento del nuovo sito più veloce poiché il browser non dovrà richiedere il file.

Per ottenere il link al CDN collegati al sito https://getbootstrap.com quindi fai clic sul pulsante Download. Verrai reindirizzato ad una nuova pagina, scorri fino alla sezione dedicata a BootstrapCDN e segui le indicazioni di seguito. In sostanza dovrai includere un tag *<link>* ed un tag *<script>* all'interno della tua pagina HTML che scaricheranno il codice CSS e il JavaScript necessario. Bootstrap 4, tuttavia, si basa su altre due librerie per funzionare al meglio pertanto dovrai includere anche jQuery e Popper. Puoi includere queste librerie allo stesso modo ma è importante sapere di cosa si occupano, jQuery è una libreria JavaScript che consente una facile e veloce manipolazione del DOM invece Popper si occupa di posizionare gli elementi nel luogo appropriato.

La tua pagina base HTML con questa struttura sarà simile a questa:

```
<html>

<head>

    <link rel="stylesheet"
href="https://stackpath.bootstrapcdn.com/bootstrap/4.3.1/css/bootstrap.min.css"

        integrity="sha384-xxxxx"

        crossorigin="anonymous">
```

```
    <script src="https://code.jquery.com/jquery-3.3.1.slim.min.js"

        integrity="sha384-xxxxx"

        crossorigin="anonymous"></script>
    <script
src="https://cdnjs.cloudflare.com/ajax/libs/popper.js/1.14.7/umd/popper.min.js"

        integrity="sha384-xxxxx"

        crossorigin="anonymous"></script>
    <script
src="https://stackpath.bootstrapcdn.com/bootstrap/4.3.1/js/bootstrap.min.js"

        integrity="sha384-xxxxx"

        crossorigin="anonymous"></script>
</head>
<body>

    <p>Test</p>
</body>
</html>
```

File pre-compilati

Per ottenere i file pre-compilati da Bootstrap utilizziamo il seguente link: https://getbootstrap.com e fai clic sul pulsante Download. Ti porterà in un'altra pagina in cui mostra tutte le diverse opzioni di download. Se scorri verso il basso puoi vedere la prima opzione è CSS e JavaScript pre-compilato. Andiamo avanti e facciamo clic su questo pulsante perché vogliamo versioni CSS compilate e minimizzate della libreria. Accedi al file scaricato e noterai che il nome del file scaricato indica quale versione di Bootstrap hai scaricato.

All'interno del file scaricato trovi una cartella CSS ed una cartella JavaScript. La cartella CSS contiene diverse versioni dell'uso CSS per il framework Bootstrap, noterai che ci sono tre tipi di file. Esistono file CSS regolari e le corrispondenti versioni minimizzate. Tralasciamo i file con estensione .map e i file dedicati al riavvio, concentriamoci sulla versione minimizzata di Bootstrap ovvero Bootstrap.min.css. Puoi sicuramente usare questo file se vuoi fare quello che vedremo nel resto dell'e-book.

Nella cartella JavaScript troverai dei file con estensione .map che consente il funzionamento con i browser più vecchi. Esistono anche versioni minimizzate e non minimizzate di JavaScript. Bootstrap.js è un bundle che contiene tutto il codice Bootstrap più una libreria aggiuntiva chiamata Popper.js da cui Bootstrap dipende. Il più delle volte avrai bisogno solo di questo file oltre a quello, quindi per la maggior parte dei progetti avrai bisogno di Bootstrap.min.css e Bootstrap.min.js.

Per creare un modello, dobbiamo usare una delle due opzioni. Possiamo scaricare tutti i file in una directory locale o possiamo usare i CDN come abbiamo visto in precedenza. Nel codice che segue ti mostreremo una pagina HTML in cui vengono inclusi i file da una directory locale:

```html
<!DOCTYPE html>
<html lang="it">
<head>
    <meta charset="UTF-8">
    <meta http-equiv="X-UA-Compatible" content="IE=edge">
    <meta name="viewport" content="width=device-width, initial-scale=1, shrink-to-fit=no">
    <meta http-equiv="x-ua-compatible" content="ie=edge">
    <link rel="stylesheet" href="css/bootstrap.min.css">
    <title>Titolo</title>
</head>

<body>
    <div class="container">
    </div>

    <script src="https://code.jquery.com/jquery-3.4.1.min.js"></script>
    <script src="js/popper.min.js"></script>
    <script src="js/bootstrap.min.js"></script>
</body>
</html>
```

In questa pagina HTML come puoi vedere ho un titolo e ho anche incluso una classe di stile ad un *<div>*, qualcosa chiamato *container* (o contenitore). Vediamo quindi come è composto un layout Bootstrap.

Una componente importante dei layout sono i contenitori, che possono avere una larghezza fissa agganciandosi ad altri elementi oppure essere completamente fluidi ed occupare il 100% della larghezza del *viewport* ovvero la finestra del browser o la larghezza del dispositivo. All'interno dei contenitori, puoi organizzare il contenuto in righe e colonne. Bootstrap utilizza un sistema con una griglia a 12 colonne con strutture adatte a dispositivi molto piccoli, piccoli, medi, grandi e molto grandi. La griglia è estremamente flessibile ed è molto potente infatti se riesci a pensare a un layout, puoi costruirlo facilmente e in modo reattivo con la griglia Bootstrap. Più tempo impieghi ad imparare come usarla, più facile sarà svolgere il tuo lavoro successivamente.

La griglia utilizza una tecnologia chiamata Flexbox che semplifica la creazione di layout complessi scrivendo poco codice. Per lavorare con la griglia, è necessario padroneggiare tre semplici componenti: contenitori, righe e colonne. I contenitori possono essere utilizzati con o senza la griglia per allineare il contenuto alla finestra o centrarlo mentre le righe e le colonne consentono di creare i layout. Le righe preparano le colonne per il layout e le colonne sono complesse ed estremamente flessibili.

Container

Esistono due diversi tipi di contenitori: quelli regolari e quelli *fluid*. I primi centrano il contenuto e si agganciano a determinati punti della griglia, i secondi ricoprono sempre l'intera larghezza della finestra, il che significa la larghezza del dispositivo o della finestra del browser. Uno dei motivi per cui si usa un contenitore regolare è perché ottieni un'imbottitura di 15 pixel (ovvero la proprietà *padding* del CSS con valore 15px) su ciascun lato per assicurarti che funzioni bene con sfondi e altri elementi. Il container *fluid*, invece, ha un'imbottitura di 15 pixel soltanto in alto ed in basso, ricoprendo l'intera larghezza del dispositivo.

Esistono dei valori predefiniti anche detti breakpoints con cui lavorare per poter definire il comportamento del nostro layout:

- <576px
- 576px
- 768px
- 992px
- 1200px

Bootstrap è stato progettato per funzionare bene su qualsiasi dispositivo, specialmente smartphone e tablet pertanto usa delle *media query* per creare dei breakpoints per i nostri layout e per le nostre interfacce. Questi breakpoint si basano principalmente sulle larghezze minime del *viewport* e ci consentono di ridimensionare gli elementi al variare del *viewport*.

```
// Dispositivi molto piccoli (smartphone inferiori a 576px)
@media (max-width: 575.98px) { ... }


// Dispositivi piccoli (smartphone inferiori a 768px)
@media (max-width: 767.98px) { ... }


// Dispositivi medi (tablets inferiori a 992px)
@media (max-width: 991.98px) { ... }


// Dispositivi grandi (desktop inferiori a 1200px)
```

```
@media (max-width: 1199.98px) { ... }


// Dispositivi molto grandi
// Non c'è bisogno di alcuna media query
```

Questa struttura è fondamentale perché potremo usare delle classi relative alla nostra griglia e a come vogliamo strutturare il nostro layout. Potremo usare:

- *.col-* (schermo inferiore a 576px)
- *.col-sm-* (schermo superiore o uguale a 576px)
- *.col-md-* (schermo superiore o uguale a 768px)
- *.col-lg-* (schermo superiore o uguale a 992px)
- *.col-xl-* (schermo superiore o uguale a 1200px)

A questa classe potrà seguire un numero che indica la larghezza delle colonne.

Righe e colonne

Oltre ai container ci sono anche le righe e le colonne. Il modo in cui funzionano dipende soltanto da come si desidera raggruppare i contenuti, si crea una riga per preparare il contenuto che verrà a sua volta inserito in colonne. Le righe sono soltanto degli involucri per le colonne che a loro volta sono involucri dei contenuti.

Adesso abbiamo due modi per creare un nostro layout, potremmo controllare la larghezza delle colonne in modo da controllarne il rendering su ogni dispositivo oppure potremmo lasciar decidere a Bootstrap le dimensioni delle colonne in modo automatico.

Nel primo caso otterremo una pagina simile a questa:


```
<div class="row">
  <div class="col-sm-6"></div>
  <div class="col-sm-6"></div>
</div>
<div class="row">
  <div class="col-sm-4"></div>
  <div class="col-sm-4"></div>
  <div class="col-sm-6"></div>
</div>
```

Nel secondo caso avremo una pagina così definita:

```
<div class="row">
  <div class="col"></div>
  <div class="col"></div>
  <div class="col"></div>
</div>
```

Nel primo esempio abbiamo realizzato un layout specifico per dispositivi piccoli ovvero schermi di smartphone in modalità verticale. Abbiamo sostanzialmente creato due righe dove la prima è composta da due colonne dividendo così lo schermo a metà. La seconda riga, invece, contiene tre colonne ma notiamo che la somma dei parametri in input è maggiore di 12 che è il numero massimo di colonne in una riga. La seconda riga sarà composta da due colonne che occuperanno 2/3 dello schermo e poi un altro elemento che sarà mostrato in una riga perché non vi è sufficiente spazio.

Per evitare questo tipo di inconvenienti possiamo lasciar decidere a Bootstrap la dimensione giusta per le nostre colonne. Questo approccio è stato adottato nel secondo esempio infatti come puoi notare non vi è alcun riferimento al tipo di dispositivo ma soprattutto alla dimensione della colonna. Bootstrap in questo caso procederà a creare tre colonne della stessa dimensione ovvero ognuna avrà una larghezza del 33,33%. Aggiungendo un'altra colonna all'interno della stessa riga, ognuna avrebbe a disposizione esattamente il 25% della larghezza.

Come puoi notare le colonne possono estendersi proprio come si farebbe su qualcosa di simile a un foglio di calcolo Excel, quindi puoi avere una colonna che occupa più delle altre colonne nella griglia, puoi specificare se una colonna deve occupare due, tre, quattro, sei, o anche tutti i 12 spazi sulla griglia.

Dato che Bootstrap ti consente di creare dei layout responsive ovvero delle interfacce che si adattano alle dimensioni del dispositivo puoi specificare il comportamento per ogni dispositivo sfruttando i breakpoint. Senza Bootstrap avresti dovuto creare molte media query CSS e questo porterebbe via un po' di tempo e risulta più dispendioso rispetto all'aggiunta di una semplice classe di stile CSS come col-sm-6.

Creiamo adesso una pagina Web che utilizza una colonna su dispositivi di piccole dimensioni, due colonne su dispositivi di medie dimensioni e tre colonne su dispositivi più grandi:

```
<!DOCTYPE html>
<html lang="it">
<head>
    <title>Esempio griglia Bootstrap</title>
    <meta charset="utf-8">
    <meta name="viewport" content="width=device-width, initial-scale=1">
```

```html
    <link rel="stylesheet"
href="https://maxcdn.bootstrapcdn.com/bootstrap/4.3.1/css/bootstrap.min.css">

    <script
src="https://ajax.googleapis.com/ajax/libs/jquery/3.4.1/jquery.min.js"></script>

    <script
src="https://cdnjs.cloudflare.com/ajax/libs/popper.js/1.14.7/umd/popper.min.js"></scrip
t>

    <script
src="https://maxcdn.bootstrapcdn.com/bootstrap/4.3.1/js/bootstrap.min.js"></script>

</head>

<body>

    <div class="container">

        <h1>Esempio di una griglia</h1>

        <h2>Come usare le colonne in Bootstrap 4</h2>

        <p>Ridimensiona questa finestra per vedere come cambiano gli elementi.</p>

        <div class="container">

            <div class="row">

                <div class="col-12 col-sm-6 col-md-3 bg-success">

                        Lorem ipsum dolor sit amet, consectetur adipisci elit, sed do
                        eiusmod tempor incidunt ut labore et dolore magna aliqua. Ut
                        enim ad minim veniam, quis nostrum exercitationem ullamco
                        laboriosam, nisi ut aliquid ex ea commodi consequatur.

                </div>

                <div class="col-12 col-sm-6 col-md-3 bg-warning">

                        Duis aute irure reprehenderit in voluptate velit esse cillum
                        dolore eu fugiat nulla pariatur. Excepteur sint obcaecat
                        cupiditat non proident, sunt in culpa qui officia deserunt
                        mollit anim id est laborum.

                </div>

                <div class="col-12 col-sm-6 col-md-3 bg-info">

                        Sed ut perspiciatis unde omnis iste natus error sit voluptatem
                        accusantium doloremque laudantium, totam rem aperiam eaque
                        ipsa, quae ab illo inventore veritatis et quasi architecto
                        beatae vitae dicta sunt, explicabo.

                </div>

            </div>

        </div>

    </div>

</body>

</html>
```

Abbiamo visto come usare più di un breakpoint per specificare una griglia e la disposizione dei suoi elementi. In questo caso, abbiamo definito più breakpoint, col-12 si riferisce a schermi molto piccoli perciò abbiamo dato l'intera larghezza della colonna, per gli schermi superiori a 576px di larghezza ma inferiori a 768px abbiamo usato col-sm-6 che dispone due colonne. Infine, per gli schermi con larghezza superiore o uguale a 768px abbiamo usato col-md-3 che ci consente di creare 3 colonne.

Un altro modo per controllare la griglia è tramite un offset per spostare la loro posizione sulla griglia. L'offset pertanto è un altro breakpoint e di solito viene seguito da un numero che indica di quante colonne effettuare lo spostamento. Poiché non avrebbe senso spostare qualcosa di 12 colonne nella griglia, puoi usare un numero compreso tra 1 e 11.

Possiamo dire a Bootstrap di spostare una colonna di una o più unità di colonna. Adesso vogliamo creare un layout con 4 colonne di cui soltanto due sono popolate da contenuti e le vogliamo centrare nella finestra usando un offset.

```html
<!DOCTYPE html>
<html lang="it">


<head>
    <title>Esempio offset Bootstrap</title>
    <meta charset="utf-8">
    <meta name="viewport" content="width=device-width, initial-scale=1">
    <link rel="stylesheet"
href="https://maxcdn.bootstrapcdn.com/bootstrap/4.3.1/css/bootstrap.min.css">
    <script
src="https://ajax.googleapis.com/ajax/libs/jquery/3.4.1/jquery.min.js"></script>
    <script
src="https://cdnjs.cloudflare.com/ajax/libs/popper.js/1.14.7/umd/popper.min.js"></script>
    <script
src="https://maxcdn.bootstrapcdn.com/bootstrap/4.3.1/js/bootstrap.min.js"></script>
</head>


<body>
    <div class="container">
        <h1>Esempio offset</h1>
        <div class="container">
            <div class="row">
                <div class="col-sm-3 offset-sm-3 bg-success">

                    Lorem ipsum dolor sit amet, consectetur adipisci elit, sed do
                    eiusmod tempor incidunt ut labore et dolore magna aliqua. Ut
                    enim ad minim veniam, quis nostrum exercitationem ullamco
                    laboriosam, nisi ut aliquid ex ea commodi consequatur.

                </div>
                <div class="col-sm-3 bg-warning">

                    Duis aute irure reprehenderit in voluptate velit esse cillum
                    dolore eu fugiat nulla pariatur. Excepteur sint obcaecat
                    cupiditat non proident, sunt in culpa qui officia deserunt
                    mollit anim id est laborum.

                </div>
```

```
            </div>
        </div>
    </div>
</body>

</html>
```

A questo punto ti sarai accorto di come sia semplice allineare gli elementi tramite una griglia. Bastano poche classi CSS e con Bootstrap puoi fare molto, siamo soltanto ad un terzo dell'e-book e sei già in grado di creare dei layout seppur semplici. A volte però si presenta la necessità di creare dei layout più complessi, basti pensare a siti Web con e-commerce oppure a siti Web istituzionali. Potrebbe essere necessario inserire delle colonne all'interno di una colonna esistente, questo processo è chiamato Nidificazione ed è possibile in Bootstrap. Per nidificare le colonne, è sufficiente creare una nuova riga all'interno di una colonna esistente, questo creerà una nuova griglia a 12 colonne all'interno di quella colonna esistente. E all'interno di quella colonna, puoi usare lo stesso set di classi che hai usato finora. Ma facciamo qualche esempio:

```
<div class="row">
    <div class="col-sm-8">
        Livello 1: .col-sm-8
        <div class="row">
            <div class="col-8 col-sm-6">
                Livello 2: .col-8 .col-sm-6
            </div>
            <div class="col-4 col-sm-6">
                Livello 2: .col-4 .col-sm-6
            </div>
        </div>
    </div>
</div>
```

Come puoi notare in questo esempio abbiamo creato una riga al livello superiore che contiene una colonna abbastanza grande (8 colonne su 12), al suo interno abbiamo inserito una nuova riga la quale contiene 2 livelli distinti.

197

Qualsiasi cosa tu possa fare con la tua griglia, puoi farlo in questa nuova sezione, in questa nuova riga. E tutto ciò che devi fare è, in un certo senso, inserire una riga all'interno di una colonna esistente e otterrai una griglia a 12 colonne completamente nuova con cui lavorare e quindi puoi usare qualunque classe tu voglia.

Allineamento della griglia

Abbiamo imparato che Bootstrap 4 utilizza Flexbox per controllare i layout, ci sono molte nuove classi per gestire il modo in cui gli elementi si allineano tra di loro e con i rispettivi contenitori. Prima di tutto, c'è l'allineamento verticale quindi per allineare le colonne nella griglia, ci sono alcune classi che puoi aggiungere alle righe. Queste classi iniziano con *align-items* seguito da una parola chiave di allineamento, che può essere *start, center*, o *end*. Ora, se scegli *start*, l'allineamento delle colonne sarà all'inizio, *center* dispone gli elementi nel mezzo e *end*, naturalmente, li dispone mette alla fine.

Tuttavia, a volte per ottenere l'effetto desiderato potrebbe essere necessario nidificare le colonne come abbiamo già visto. Possiamo modificare la disposizione delle colonne tramite la parola chiave *align-self* all'interno delle colonne stesse e non nella riga come con le precedenti classi di allineamento verticale. Useremo *align-self* seguito una parola chiave di allineamento (*top, center, end*), quindi puoi chiedere a ciascuna colonna di essere disposta in alto, al centro o in basso. Puoi usare l'allineamento orizzontale a patto che tu lo utilizzi all'interno delle righe e a patto sia definita la larghezza delle colonne.

Per l'allineamento orizzontale abbiamo molte più opzioni infatti possiamo applicare la classe di stile *justify-content* seguita da una parola chiave di allineamento come *start, center, end, around, between*.

Con *start* le colonne verranno disposte all'inizio con spazio extra verso la fine, *center* dispone lo spazio extra su entrambi i lati delle colonne, *end* mette le colonne verso la fine e con spazio extra verso l'inizio, *around* prova a mettere lo stesso spazio tra le colonne e, infine, *between* che mette dello spazio extra tra le colonne.

Vediamo adesso qualche semplice esempio di allineamento sfruttando quello che abbiamo imparato:

```html
<!DOCTYPE html>

<html lang="it">

<head>

    <title>Esempio di allineamento verticale in Bootstrap</title>

    <meta charset="utf-8">

    <meta name="viewport" content="width=device-width, initial-scale=1">

    <link rel="stylesheet"
href="https://maxcdn.bootstrapcdn.com/bootstrap/4.3.1/css/bootstrap.min.css">

    <script
src="https://ajax.googleapis.com/ajax/libs/jquery/3.4.1/jquery.min.js"></script>
```

```html
    <script
src="https://cdnjs.cloudflare.com/ajax/libs/popper.js/1.14.7/umd/popper.min.js"></scrip
t>
    <script
src="https://maxcdn.bootstrapcdn.com/bootstrap/4.3.1/js/bootstrap.min.js"></script>
</head>
<body>
    <div class="container mt-3">
      <h2>Allineamento verticale</h2>
      <p>Classe align-items-start:</p>
      <div class="d-flex align-items-start bg-light" style="height:150px">
        <div class="p-2 border">Elemento 1</div>
        <div class="p-2 border">Elemento 2</div>
        <div class="p-2 border">Elemento 3</div>
      </div>
      <br>
      <p>Classe align-items-end:</p>
      <div class="d-flex align-items-end bg-light" style="height:150px">
        <div class="p-2 border">Elemento 1</div>
        <div class="p-2 border">Elemento 2</div>
        <div class="p-2 border">Elemento 3</div>
      </div>
      <br>
      <p>Classe align-items-center:</p>
      <div class="d-flex align-items-center bg-light" style="height:150px">
        <div class="p-2 border">Elemento 1</div>
        <div class="p-2 border">Elemento 2</div>
        <div class="p-2 border">Elemento 3</div>
      </div>
    </div>
</body>
</html>
```

In questo esempio noteremo la disposizione diversa dei tre *<div>* che contengono gli elementi. Nel primo caso saranno ancorati in alto, nel secondo in basso, nell'ultimo caso saranno centrati a metà.

Nel prossimo esempio vedremo una pagina HTML che allinea gli elementi in modo diverso con la classe di stile *justify-content*:

```html
<!DOCTYPE html>
<html lang="it">
<head>
    <title>Esempio di allineamento orizzontale in Bootstrap</title>
    <meta charset="utf-8">
    <meta name="viewport" content="width=device-width, initial-scale=1">
    <link rel="stylesheet"
href="https://maxcdn.bootstrapcdn.com/bootstrap/4.3.1/css/bootstrap.min.css">
    <script
src="https://ajax.googleapis.com/ajax/libs/jquery/3.4.1/jquery.min.js"></script>
    <script
src="https://cdnjs.cloudflare.com/ajax/libs/popper.js/1.14.7/umd/popper.min.js"></script>
    <script
src="https://maxcdn.bootstrapcdn.com/bootstrap/4.3.1/js/bootstrap.min.js"></script>
</head>
<body>
    <div class="container mt-3">
        <h2>Allineamento orizzontale</h2>
        <p>Usiamo la classe .justify-content-* per modificare l'allineamento:</p>
        <div class="d-flex justify-content-start bg-secondary mb-3">
          <div class="p-2 bg-info">Elemento 1</div>
          <div class="p-2 bg-warning">Elemento 2</div>
          <div class="p-2 bg-primary">Elemento 3</div>
        </div>
        <div class="d-flex justify-content-end bg-secondary mb-3">
          <div class="p-2 bg-info">Elemento 1</div>
          <div class="p-2 bg-warning">Elemento 2</div>
          <div class="p-2 bg-primary">Elemento 3</div>
        </div>
        <div class="d-flex justify-content-center bg-secondary mb-3">
          <div class="p-2 bg-info">Elemento 1</div>
          <div class="p-2 bg-warning">Elemento 2</div>
```

```
      <div class="p-2 bg-primary">Elemento 3</div>
    </div>
    <div class="d-flex justify-content-between bg-secondary mb-3">
      <div class="p-2 bg-info">Elemento 1</div>
      <div class="p-2 bg-warning">Elemento 2</div>
      <div class="p-2 bg-primary">Elemento 3</div>
    </div>
    <div class="d-flex justify-content-around bg-secondary mb-3">
      <div class="p-2 bg-info">Elemento 1</div>
      <div class="p-2 bg-warning">Elemento 2</div>
      <div class="p-2 bg-primary">Elemento 3</div>
    </div>
  </div>
</body>
</html>
```

Esistono altri modi oltre alla griglia per controllare il modo in cui gli elementi sono posizionati all'interno di Bootstrap, quindi diamo un'occhiata a quali sono e come usarli. Il primo di tutti è *position,* e se hai familiarità con i CSS, funziona esattamente come la normale proprietà di posizione CSS.

Per controllare il posizionamento dei tuoi elementi in Bootstrap si usano classi corrispondenti alle classi di posizionamento che usi nei CSS, quindi possiamo aggiungere la classe *fixed-top* la quale, considerato un elemento, lo posiziona sopra il contenuto esistente nella parte superiore dello schermo e rimarrà lì in cima per sempre.

Puoi rendere un elemento fisso (*fixed*) nella parte superiore dello schermo, il che significa che verrebbe rimosso dal flusso del documento e messo essenzialmente nella parte superiore della finestra o nella parte superiore del viewport mentre con *fixed-bottom* ovviamente l'elemento sarebbe posizionato in basso. Esiste un altro chiamato *sticky-top* che ti permetterà di avere un elemento incollato alla parte superiore del viewport o allo schermo mentre scorri sugli elementi. Devi anche aggiungere spazio dove necessario, perché quando diciamo che qualcosa si fissa nella parte superiore o inferiore dello schermo, si posizionerà essenzialmente sul contenuto esistente pertanto devi far capire all'utente che è un elemento separato dal contenuto. È un effetto davvero utile, ma non è ben supportato in molti browser soprattutto su Internet Explorer e Edge mentre è supportato nelle ultime versioni di Google Chrome. Il suo utilizzo deve essere ben ponderato ma puoi utilizzare il sito https://caniuse.com/ per essere aggiornato sulle ultime versioni dei browser e ci auguriamo che molti lo implementeranno presto. Questa proprietà è particolarmente utile se vuoi mostrare l'icona di una chat, di un telefono o in genere una *call to action* per il visitatore del tuo sito Web.

Presta attenzione alla compatibilità dei metodi che usi infatti non devi limitarti ad un solo browser o solo al tuo schermo. Se stai sviluppando un sito Web devi effettuare dei test con tutti o comunque con la maggior parte dei browser, testa la visualizzazione con versioni più vecchie dei browser, testa con dispositivi mobile. Tutto questo garantirà un'interfaccia uniforme a tutti i clienti e soprattutto ti garantirà un'ottima *user experience.*

Oltre a questo ci sono le proprietà di visualizzazione che imitano ciò che è già possibile fare con CSS e, utilizzando Flexbox, Bootstrap può aiutarci molto in tal senso. Possiamo usare la classe *d-{BREAKPOINT}-{TIPO}* dove i *BREAKPOINT* assumono i classici valori (*sm, md, lg, xl*) e *TIPO* può assumere i seguenti valori:

- *none*
- *inline*
- *inline-block*
- *block*
- *table*
- *table-row*
- *table-cell*
- *flex*
- *inline-flex*

Sostanzialmente si tratta di una scorciatoia piuttosto comoda infatti *d-sm-block* risulta molto più semplice e veloce rispetto a scrivere il corrispondente codice CSS ovvero una media query per schermi con larghezza superiore o uguale a 576px con `display: block`.

Gli elementi *flex* sono elementi a livello di blocco quindi se necessario è possibile renderlo un elemento incorporato, aggiungendo la parola chiave *inline*. Naturalmente, devi anche avere la parola chiave *flex*. Il modo più semplice per usare tali elementi è semplicemente *d-flex,* questo crea un elemento a blocchi senza breakpoint. Flex ti consente di gestire rapidamente il layout, l'allineamento e il dimensionamento di colonne della griglia, la navigazione, le componenti e tanto altro ancora con una suite completa di utility responsive per flexbox. Per implementazioni più complesse, tuttavia, potrebbe essere necessario un CSS personalizzato.

La nostra pagina HTML con un contenitore flexbox sarà quindi così:

```
<!DOCTYPE html>
<html lang="it">
<head>
  <title>Bootstrap flex</title>
  <meta charset="utf-8">
  <meta name="viewport" content="width=device-width, initial-scale=1">
```

```
    <link rel="stylesheet"
href="https://maxcdn.bootstrapcdn.com/bootstrap/4.3.1/css/bootstrap.min.css">

    <script
src="https://ajax.googleapis.com/ajax/libs/jquery/3.4.1/jquery.min.js"></script>

    <script
src="https://cdnjs.cloudflare.com/ajax/libs/popper.js/1.14.7/umd/popper.min.js"></scrip
t>

    <script
src="https://maxcdn.bootstrapcdn.com/bootstrap/4.3.1/js/bootstrap.min.js"></script>

</head>

<body>

    <div class="container mt-3">

      <h2>Container Flex</h2>

      <p>Per creare un container flex, usa la classe d-flex:</p>

      <div class="d-flex p-3 bg-secondary text-white">

        <div class="p-2 bg-info">Elemento 1</div>

        <div class="p-2 bg-warning">Elemento 2</div>

        <div class="p-2 bg-primary">Elemento 3</div>

      </div>

    </div>

</body>

</html>
```

Abbiamo quindi creato un semplice container flex pertanto anche i figli contenuti in questo *<div>* saranno flessibili e appariranno in una riga da sinistra verso destra. Potremmo usare la classe di stile *flex-row-reverse* sull'elemento padre per allineare gli elementi partendo da destra quindi *Elemento 1* sarà il più esterno a destra, sarà seguito da *Elemento 2* alla sua sinistra ed infine *Elemento 3*.

Potremmo anche forzare la visualizzazione come una colonna tramite la classe *flex-column* che mostrerà gli elementi in modo ordinato uno sotto l'altro piuttosto che affiancati. Come nel precedente caso possiamo aggiungere la parola chiave *-reverse* per invertire l'ordine di visualizzazione degli elementi.

L'ennesimo modo per disporre dei blocchi in modo ordinato è tramite l'uso della parola chiave *order* seguita da un numero che indica la priorità. Gli elementi con un numero più alto hanno priorità maggiore quindi verranno mostrati prima.

```
<div class="d-flex mb-3">

    <div class="p-4 order-3 bg-info">Elemento 1</div>

    <div class="p-4 order-2 bg-warning">Elemento 2</div>

    <div class="p-4 order-1 bg-primary">Elemento 3</div>
```

```
</div>
```

In questo caso l'ordine di visualizzazione degli elementi sarà *Elemento 3* a sinistra, seguito da *Elemento 2* ed infine *Elemento 1*.

Bootstrap e le classi di stile

Quando vai su una pagina web, diversi fattori influenzano l'aspetto della pagina. Il browser ha alcuni stili predefiniti che utilizza per visualizzare elementi come titoli, paragrafi e sono chiamati stili del browser. In aggiunta a questi stili di solito scriviamo il nostro CSS per migliorare l'aspetto di un sito. Gli stili CSS di Bootstrap si posizionano tra gli stili del browser e i tuoi stili per fornire modifiche utili.

In questo capitolo, discuterò le modifiche più elementari ai valori predefiniti, come caratteri, elenchi, titoli, immagini e altri contenuti HTML di base. Una cosa interessante di questi stili è che usano un set di comandi di reset chiamato *reboot*. Il *reboot* rende gli stili coerenti su diverse piattaforme e browser.

La principale differenza tra il *reboot* e la maggior parte degli altri codici normalizzati è che utilizza *rems* anziché pixel per il dimensionamento dei caratteri e 1 *rem* corrisponde a 16px. Ciò semplifica la creazione e la personalizzazione di Bootstrap, nonché delle proprie componenti. L'uso del *reboot* riduce al minimo le dichiarazioni di stile perché utilizza la capacità CSS di ereditare gli stili ogni volta che è possibile.

Il *reboot* è presente anche all'inizio degli stili di Bootstrap con il file *Reboot.css* che ha il compito di normalizzare gli stili in modo che appaiano simili in diversi dispositivi e browser e rappresenta una base sulla quale costruire il tuo sito.

Tipografia

Bootstrap utilizza stack di font nativi quindi il carattere predefinito in Bootstrap non è Helvetica ma cerca di usare come il font predefinito sans-serif, qualunque sia la piattaforma attuale. Questo rende le cose fantastiche su dispositivi diversi, perché quei caratteri sono stati appositamente progettati per il dispositivo in cui si trovano.

Riguardo il testo Bootstrap ha molte classi di utilità che possono aiutarti a soddisfare le esigenze tipografiche e corrispondono davvero a ciò che hai sempre fatto tramite CSS. Per quanto concerne l'allineamento orizzontale fornisce delle utility, puoi usare *text-justify* per assicurarti che su un grande paragrafo, entrambi i lati siano allineati ai bordi del testo. Puoi utilizzare anche *text-{BREAKPOINT}-{POS}* per decidere in base a quali breakpoint allineare il testo a sinistra, al centro o a destra. Supponiamo di voler centrare il testo solo per dispositivi con larghezza uguale o superiore a 992px, potremo usare la classe *text-lg-center*. I valori dei breakpoint li conosci già mentre *POS* può assumere il valore *left, center* e *right*. In questo modo potrai decidere facilmente come allineare il tuo testo e su quali dispositivi.

Esiste anche un'utility per modificare l'altezza della linea di testo, pensa ad esempio di voler centrare verticalmente un testo all'interno di un ampio spazio. La classe di stile *align-{POS}* ti potrebbe tornare molto utile e può assumere i seguenti valori:

- baseline (base)
- top (in alto)
- middle (al centro)
- bottom (in basso)
- text-bottom (sotto il testo)

- text-top (sopra il testo)

Un'altra interessante utility è data dalla classe text-{TIPO} dove TIPO può assumere diversi valori come *lowercase, uppercase, capitalize, monospace*. Queste funzioni consentono rispettivamente di formattare il testo tutto in minuscolo, tutto in maiuscolo, con la prima lettera maiuscola o, infine, con un font monospaziato (spesso si usa per indicare il codice nei forum).

Poi ci sono alcune classi di stile il cui nome inizia con il prefisso del carattere seguito da un trattino e da uno di questi tipi di stile. Puoi usare *font-italic* che ti dà una versione in corsivo di un font. Inoltre è possibile definire il peso del grassetto tramite *font-weight-normal* per il peso standard del carattere tipografico che si sta utilizzando. Esiste anche un peso più leggero come *font-weight-lighter* o *font-weight-light*. Sono solo diversi pesi dello stesso font. Puoi anche definire del testo in grassetto con *font-weight-bold*.

Per impostazione predefinita in Bootstrap, i collegamenti hanno una sottolineatura ogni volta che si passa sopra con il mouse. La classe *text-decoration-none* ti permetterà di toglierla, quindi quando si passa su un collegamento, questo non verrà più sottolineato. Esiste anche *text-reset* che elimina il colore del collegamento e lo rende dello stesso colore del contenitore principale. Quindi, a volte va bene perché vuoi che il colore del link corrisponda al colore dello sfondo.

Con una classe Bootstrap puoi gestire anche il flusso del testo infatti *text-{FLOW}* ti consente di ritornare a capo, non ritornare a capo, spezzare o troncare il testo tramite i *FLOW* wrap, nowrap, break, truncate. Pensa a quante volte per le tabelle hai dovuto spezzare il testo o troncarlo quindi è perfetto per quando hai un molto testo o se hai una parola molto lunga che sta cercando di inserirsi in una breve colonna. Con *text-truncate* potrai tagliare il testo in più e questo verrà sostituito automaticamente da tre puntini (anche detta ellissi).

Liste di elementi

Bootstrap fornisce alcune classi che ti aiutano a lavorare con tag CSS comuni come elenchi ed elementi blockquote. Quindi, ad esempio, puoi usare qualcosa chiamato *list-unstyled* se non vuoi avere elenchi puntati sulle tue liste, il che è una cosa molto comune quando lavori con pagine HTML. In questo modo verranno riallineati anche gli elementi dell'elenco in modo che siano a sinistra.

```
<!DOCTYPE html>

<html>

<head>

  <title>Liste Bootstrap</title>

  <meta name="viewport" content="width=device-width, initial-scale=1">

  <link rel="stylesheet"
href="https://stackpath.bootstrapcdn.com/bootstrap/4.1.1/css/bootstrap.min.css">

  <script
src="https://ajax.googleapis.com/ajax/libs/jquery/3.3.1/jquery.min.js"></script>
```

```
    <script
src="https://stackpath.bootstrapcdn.com/bootstrap/4.1.1/js/bootstrap.min.js"></script>
</head>
<body>
    <h1>Imparo le liste di Bootstrap</h1>
    <h4>Lista senza stile</h4>
    <ul class="list-unstyled">
        <li>Anguria</li>
        <li>Banana</li>
        <li>Cocco</li>
        <li>Mango</li>
    </ul>
    <h4>Frutta (Lista non ordinata)</h4>
    <ul>
        <li>Anguria</li>
        <li>Banana</li>
        <li>Cocco</li>
        <li>Mango</li>
    </ul>
</body>
</html>
```

Esiste un altro stile che consente di creare elenchi su un'unica riga tramite le classi *list-inline* e *list-inline-item*:

```
<ul class="list-inline">
    <li class="list-inline-item">Lorem ipsum</li>
    <li class="list-inline-item">Phasellus iaculis</li>
    <li class="list-inline-item">Nulla volutpat</li>
</ul>
```

Bootstrap ha un numero di colori a cui puoi accedere attraverso quelli che sono chiamati nomi contestuali. Questi nomi come *primary, secondary, success, danger*, e *info* e sono detti contestuali perché hanno un significato preciso. Quando dici primario e secondario, stai indicando che il primario probabilmente ha più importanza del secondario perché probabilmente è il colore principale del tuo sito. Il colore ha un aspetto fondamentale e curando questo elemento si possono ottenere dei siti Web di grande impatto.

Per utilizzare questi colori è sufficiente usare la classe *text-{COLOR}* dove *COLOR* può assumere valori come *primary, secondary, success, danger, warning, info, light, dark, black-50, white-50 e white*. In Bootstrap è possibile ridefinire i valori di default dandoti la possibilità di impostare il colore appropriato al tuo sito. Usando tali proprietà sarà tutto centralizzato e non dovrai più modificare diverse classi di stile per adattare il tuo sito al nuovo colore scelto.

```
<!DOCTYPE html>

<html lang="it">

<head>

  <title>L'arcobaleno di Bootstrap</title>

  <meta charset="utf-8">

  <meta name="viewport" content="width=device-width, initial-scale=1">

  <link rel="stylesheet"
href="https://maxcdn.bootstrapcdn.com/bootstrap/4.3.1/css/bootstrap.min.css">

  <script
src="https://ajax.googleapis.com/ajax/libs/jquery/3.4.1/jquery.min.js"></script>

  <script
src="https://cdnjs.cloudflare.com/ajax/libs/popper.js/1.14.7/umd/popper.min.js"></script>

  <script
src="https://maxcdn.bootstrapcdn.com/bootstrap/4.3.1/js/bootstrap.min.js"></script>

</head>

<body>


    <div class="container" style="background-color: lightgray">

        <h2>Colori contestuali</h2>

        <p>Vediamo quali sono i valori di default:</p>

        <p class="text-muted">Questo testo è smorzato.</p>

        <p class="text-primary">Questo testo è primario.</p>

        <p class="text-success">Questo testo indica un'operazione ok.</p>

        <p class="text-info">Questo testo indica un'informazione.</p>

        <p class="text-warning">Questo testo rappresenta un avvertimento.</p>
```

```
        <p class="text-danger">Questo testo rappresenta un pericolo.</p>

        <p class="text-secondary">Questo testo è secondario.</p>

        <p class="text-dark">Questo testo è scuro.</p>

        <p class="text-black-50"> Questo testo è nero con opacità 50%.</p>

        <p class="text-white-50"> Questo testo è bianco con opacità 50%.</p>

        <p class="text-light">Questo testo è grigio chiaro.</p>

        <p class="text-white">Questo testo è bianco.</p>

    </div>


</bcdy>

</html>
```

Variabili CSS

Bootstrap ha alcune funzionalità che ti consentono di lavorare con una nuova funzionalità di CSS chiamata Variabili CSS. Questa funzionalità è stata introdotta da poco e consente di memorizzare un insieme di valori di proprietà che è possibile riutilizzare all'interno del proprio CSS. Bootstrap 4 fornisce variabili CSS predefinite che possono essere utilizzate nello sviluppo dei progetti e nella personalizzazione dei colori. Le variabili CSS sono così nuove che il supporto del browser rappresenta un problema infatti non sono supportate in nessuna versione di Internet Explorer e solo sulle ultime versioni degli altri browser. Ti consiglio di usare il sito https://caniuse.com per le informazioni di supporto del browser. Per utilizzare queste variabili, è necessario utilizzare la funzione *var()*, quindi utilizzare il nome delle variabili. Il nome di tutte le variabili inizia con due trattini. Puoi anche usare il selettore di *root* per ridefinire i valori per una qualsiasi delle variabili. Assicurati di inserire le tue regole CSS dopo aver caricato il Bootstrap CSS. Dovresti notare che l'uso di queste variabili non cambia i colori o altre caratteristiche delle classi Bootstrap esistenti, dal momento che quelle sono codificate nel CSS, ma serve come modo per creare nuovi elementi basati su quei colori, breakpoint e caratteri.

Di seguito trovi delle variabili CSS che modificano il colore del testo dei link e il font dell'intero *body:*

```
body {
   font: 1rem/1.5 var(--font-family-sans-serif);
}


a {
   color: var(--red);
}
```

Puoi anche ridefinire una variabile CSS tramite il selettore *root* in questo modo:

```
:root {
   --primary-color: #5b389f;
}
```

Uso delle immagini

Bootstrap ha alcune classi davvero utili che possono aiutarti a gestire facilmente le immagini. Diamo un'occhiata a quella più comune che si chiama *img-fluid*. Questo crea un'immagine reattiva ovvero un'immagine che si adatta automaticamente alla larghezza del contenitore e rende l'altezza proporzionale, quindi addio a immagini che perdono il loro aspetto diventando troppo larghe o troppo alte. E c'è anche un'altra classe di stile *img-thumbnail* che aggiunge un bordo di un pixel come contorno. Se si desidera avere bordi arrotondati attorno all'immagine, è possibile specificare un lato e anche una forma, con *rounded-circle* o *rounded-pill*.

Infine puoi anche specificare uno di questi altri valori, quindi puoi dire *rounded-0*, che mostrerà l'immagine con gli spigoli originali, o *rounded-sm* per un piccolo tipo di bordo arrotondato, o *rounded-lg* per un bordo leggermente più largo o *rounded*.

Talvolta è necessario arrotondare solo un lato dell'immagine quindi è fondamentale usare: *rounded-bottom-pill-0* o *rounded-top-circle-lg*. Potresti creare la pagina relativa al tuo team utilizzando un'immagine tonda con uno spigolo che si estende in basso a sinistra o semplicemente un'immagine tonda come è fatto in molti siti Web. La regola per usare questa proprietà è: *rounded (-POS) (-FORMA) (-DIMENS)* dove *POS* indica il lato su cui applicare l'arrotondamento (*top, right, bottom, left*), *FORMA* indica se deve essere un cerchio o una pillola e, infine, *DIMENS* indica la dimensione (*0* per avere gli spigoli, *sm* per un piccolo bordo, *lg* per un bordo più marcato).

Durante lo sviluppo del tuo sito Web sarà necessario allineare delle immagini pertanto è possibile utilizzare le classi *float-left* o *float-right*, che possono funzionare anche con altri elementi. Tradizionalmente le immagini sono elementi incorporati, quindi dovresti essere in grado di usare *text-center* sul contenitore se vuoi centrare un'immagine. Se l'immagine sembra essere un elemento a blocchi, è possibile utilizzare la classe *mx-auto* per centrare l'immagine.

Vediamo qualche esempio:

```
<!DOCTYPE html>

<html lang="it">

<head>

   <title>Immagini in Bootstrap</title>

   <meta charset="utf-8">

   <meta name="viewport" content="width=device-width, initial-scale=1">

   <link rel="stylesheet"
href="https://maxcdn.bootstrapcdn.com/bootstrap/4.3.1/css/bootstrap.min.css">

   <script
src="https://ajax.googleapis.com/ajax/libs/jquery/3.4.1/jquery.min.js"></script>

   <script
src="https://cdnjs.cloudflare.com/ajax/libs/popper.js/1.14.7/umd/popper.min.js"></scrip
t>

   <script
src="https://maxcdn.bootstrapcdn.com/bootstrap/4.3.1/js/bootstrap.min.js"></script>

</head>

<body>

    <div class="container">

      <h2>Uno scorcio d'Italia</h2>

      <p>Aggiungo le classi appropriate per rendere responsive l'immagine e
arrotondata:</p>

      <img src="https://cdn.pixabay.com/photo/2018/12/18/16/03/rome-
3882613_960_720.jpg" class="rounded-circle img-fluid float-right" alt="img-italia">
```

```
    </div>
</body>
</html>
```

In questo esempio avremo una grande immagine dalla forma arrotondata, posizionata sulla destra e si ridimensionerà ogni volta che le dimensioni della finestra cambieranno. Puoi provare a ridimensionare la finestra del tuo browser per vedere l'effetto della classe *img-fluid*. In realtà l'immagine non sarà propriamente un cerchio poiché in origine è rettangolare, su un'immagine quadrata questa classe restituisce un'immagine perfettamente rotonda.

Navigare con Bootstrap

Ogni progetto web ha bisogno di un'ottima navigazione. Accanto alla griglia, questo è il componente più importante in Bootstrap. I diversi tipi di componenti di navigazione sono *nav*, *tabs* o *pills* e *navbars*. I *nav* sono i genitori di tutte le altre navigazioni. Le schede (*tabs*) e le pillole (*pills*) sono lo stesso tipo di componente e ti aiutano a creare contenuti all'interno di una pagina che cambia quando si fa clic. Le *navbar*, invece, sono in genere utilizzati per la navigazione principale tra le diverse pagine.

Nav

Anche se spesso finirai per usare le *navbar*, è necessario conoscere prima i *nav*. La barra di navigazione è una componente estremamente complessa, quindi impara a programmare una barra di navigazione semplice e aggiungi le altre funzionalità successivamente pezzo dopo pezzo. È estremamente raro che un progetto utilizzi tutte le funzionalità disponibili. Puoi includere elementi come *brand*, combinazioni di colori, menu a tendina ed elementi di un form all'interno della barra di navigazione. Puoi renderlo responsive o comprimibile in modo che la tua navigazione si riduca a un hamburger menu sugli schermi più piccoli in modo da non intaccare la visualizzazione. In Bootstrap 4 si tratta di una componente completamente nuova dato che è stata completamente riscritta.

Nonostante la sua complessità il *nav* è diventata una componente semplice da usare infatti è costruito con flexbox e fornisce una solida base per la costruzione di tutti i tipi di componenti di navigazione. Offre la possibilità di fare override dello stile (per facilitare il lavoro con le liste) ed alcune caratteristiche interessanti che approfondiremo a breve.

Le classi sono utilizzate ovunque, quindi il tuo markup può essere davvero flessibile. Puoi usare il tag *<ul>* oppure usare un elemento *<nav>* per definire la tua navigazione all'interno del sito Web. Poiché la classe *nav* utilizza *display: flex*, i collegamenti di navigazione si comportano allo stesso modo degli elementi di navigazione, ma senza il markup aggiuntivo.

Vediamo le differenze tra quanto descritto anche in termini di markup HTML:

```
<ul class="nav">
  <li class="nav-item">
    <a class="nav-link active" href="#">Attivo</a>
  </li>
  <li class="nav-item">
    <a class="nav-link" href="#">Collegamento (Link)</a>
  </li>
  <li class="nav-item">
    <a class="nav-link disabled" href="#">Disabilitato</a>
  </li>
```

```
</ul>

<nav class="nav">
  <a class="nav-link active" href="#">Attivo</a>
  <a class="nav-link" href="#">Collegamento (Link)</a>
  <a class="nav-link disabled" href="#">Disabilitato</a>
</nav>
```

Come potrai notare il markup risulta meno verboso utilizzando il tag *<nav>* ma ti assicuro che il rendering è identico. Avremo un link attivo (come se ci avessi già cliccato sopra), un link classico e un link disabilitato. Possiamo anche modificare il tipo di navigazione aggiungendo la classe *nav-pills* per creare un riempimento intorno ad ogni link figlio del tag *<ul>*. Nel caso in cui volessimo riempire l'intero spazio possiamo aggiungere alla classe *nav-pills* la classe *nav-fill*. Con quest'ultima classe tutto lo spazio orizzontale è occupato, ma non tutti i link di navigazione hanno la stessa larghezza.

Navbar

La componente *navbar* è correlata alla componente *nav*, quindi se hai familiarità con questi ultimi, la creazione di una *navbar* sarà molto semplice. La classe *navbar* è la classe che si trova sul contenitore principale e può contenere un numero di altri elementi al suo interno. Per impostazione predefinita i componenti della barra di navigazione verranno impilati, quindi è necessario aggiungere *navbar-expand-{BREAKPOINT}*, con breakpoint opzionali per controllare quando la barra di navigazione si espanderà.

Le *navbar* sono responsive e vengono nascoste in fase di stampa per impostazione predefinita, ma puoi modificarle facilmente questo aspetto. Il comportamento responsive dipende dal plug-in Collapse JavaScript di Bootstrap. Per quanto concerne la stampa, invece, si tratta di una media query CSS che è possibile modificare con Bootstrap tramite la classe che abbiamo visto in precedenza *d-print* (proprietà di visualizzazione).

Oltre a *navbar* e *navbar-expand*, dobbiamo anche specificare un colore per la stessa *navbar* e, per farlo, usiamo solo le classi base bg-{COLORE}. Abbiamo già esaminato in precedenza l'aspetto legato ai colori, che sono disponibili ovunque in Bootstrap, perciò puoi usare uno di questi: *bg-primary*, *bg-secondary*, ecc.

Ci sono altre due classi che possono essere utili: *navbar-light* e *navbar-dark*. Queste ti permettono di informare Bootstrap riguardo lo sfondo su cui posizionerai il testo, in particolare se sarà chiaro o scuro. Quindi, se il colore dello sfondo è chiaro, allora userai *navbar-light*, se è scuro, userai *navbar-dark*. Ha più senso quando guardi un esempio di questo tipo:

```
<!DOCTYPE html>
<html lang="it">
```

```html
<head>

  <title>Bootstrap Navbar</title>

  <meta charset="utf-8">

  <meta name="viewport" content="width=device-width, initial-scale=1">

  <link rel="stylesheet"
href="https://maxcdn.bootstrapcdn.com/bootstrap/4.3.1/css/bootstrap.min.css">

  <script
src="https://ajax.googleapis.com/ajax/libs/jquery/3.4.1/jquery.min.js"></script>

  <script
src="https://cdnjs.cloudflare.com/ajax/libs/popper.js/1.14.7/umd/popper.min.js"></script>

  <script
src="https://maxcdn.bootstrapcdn.com/bootstrap/4.3.1/js/bootstrap.min.js"></script>

</head>

<body>

      <div class="container">

        <h3>Navbar colorate</h3>

        <p>Usa la classe .bg-{colore} per aggiungere uno sfondo alla navbar.</p>

      </div>


      <nav class="navbar navbar-expand-sm bg-light navbar-light">

        <ul class="navbar-nav">

          <li class="nav-item active">

            <a class="nav-link" href="#">Attivo</a>

          </li>

          <li class="nav-item">

            <a class="nav-link" href="#">Collegamento (Link)</a>

          </li>

          <li class="nav-item">

            <a class="nav-link disabled" href="#">Disabilitato</a>

          </li>

        </ul>

      </nav>


      <nav class="navbar navbar-expand-sm bg-dark navbar-dark">

        <ul class="navbar-nav">
```

215

```
        <li class="nav-item active">
          <a class="nav-link" href="#">Attivo</a>
        </li>
        <li class="nav-item">
          <a class="nav-link" href="#">Collegamento (Link)</a>
        </li>
        <li class="nav-item">
          <a class="nav-link disabled" href="#">Disabilitato</a>
        </li>
      </ul>
    </nav>
</body>
</html>
```

In questo esempio abbiamo due *navbar* ma di colore diverso, la prima è di colore grigio chiaro mentre la seconda appare di colore scuro pertanto il testo sarà scuro nella prima e chiaro nella seconda per evidenziare il contrasto e favorire la leggibilità.

All'inizio di questo capitolo abbiamo anche parlato di *branding* che sostanzialmente consente di inserire il proprio marchio all'interno della pagina HTML in modo appropriato. Il *branding* è usato di solito per testo o loghi che ne beneficeranno ottenendo un aspetto migliorato in fase di rendering. Un'altra semplice componente è la *navbar-text* con la quale è possibile aggiungere del testo in linea e che funzioni bene con il resto della navigazione. Come abbiamo detto prima, la classe *navbar-brand* deve essere aggiunta quando desideri aggiungere un logo o del testo. Quest'ultimo di solito è un link o un titolo e ottiene un aspetto speciale in Bootstrap 4. E' possibile, ovviamente, aggiungere delle immagini ed è abbastanza comune perchè ogni marchio ha un'immagine o un simbolo associato. Potrebbe essere necessario modificare un po' il CSS per farlo. Infine puoi aggiungere un blocco di testo alla navigazione con la classe *navbar-text*.

Vediamo come usare quanto detto finora costruendo un semplicissimo menu senza scrivere nemmeno una riga di CSS e JavaScript:

```
<!DOCTYPE html>
<html lang="it">
<head>
  <title>Bootstrap pagina base</title>
  <meta charset="utf-8">
  <meta name="viewport" content="width=device-width, initial-scale=1">
  <link rel="stylesheet"
href="https://maxcdn.bootstrapcdn.com/bootstrap/4.3.1/css/bootstrap.min.css">
```

```html
  <script
src="https://ajax.googleapis.com/ajax/libs/jquery/3.4.1/jquery.min.js"></script>

  <script
src="https://cdnjs.cloudflare.com/ajax/libs/popper.js/1.14.7/umd/popper.min.js"></scrip
t>

  <script
src="https://maxcdn.bootstrapcdn.com/bootstrap/4.3.1/js/bootstrap.min.js"></script>

</head>

<body>

    <nav class="navbar navbar-expand-lg navbar-dark bg-dark static-top">

      <div class="container">

        <a class="navbar-brand" href="#">

            <img src="your_logo_url" alt="logo">

        </a>

        <button class="navbar-toggler" type="button" data-toggle="collapse" data-
target="#navbarResponsive" aria-controls="navbarResponsive" aria-expanded="false" aria-
label="Toggle navigation">

            <span class="navbar-toggler-icon"></span>

        </button>

        <div class="collapse navbar-collapse" id="navbarResponsive">

          <ul class="navbar-nav ml-auto">

            <li class="nav-item active">

              <a class="nav-link" href="#">Homepage

                  <span class="sr-only">(current)</span>

                </a>

            </li>

            <li class="nav-item">

              <a class="nav-link" href="#">Servizi</a>

            </li>

            <li class="nav-item">

              <a class="nav-link" href="#">Chi siamo</a>

            </li>

            <li class="nav-item">

              <a class="nav-link" href="#">Contattaci</a>

            </li>

          </ul>

        </div>
```

```
            </div>

        </nav>


        <div class="container">

            <h1 class="mt-4">Navbar con il tuo logo</h1>

            <p>Il logo nella barra di navigazione è ora una funzionalità Bootstrap
predefinita in Bootstrap 4!</p>

            <p>Assicurati di impostare la larghezza e l'altezza del logo all'interno
dell'HTML o con CSS.</p>

            <p><strong>Per risultati ottimali, utilizzare un'immagine SVG come
logo.</strong></p>

        </div>

    </body>

</html>
```

In questo esempio puoi specificare l'URL del logo per il tuo *brand* e ti consiglio di usare delle immagini vettoriali (SVG) in modo che possano adattarsi al meglio al tuo sito responsive. Prova a ridimensionare la finestra e vedrai che la *navbar* collassa in un semplice hamburger menu, molto utile su dispositivi con larghezza ridotta. Ricorda che il motto di Bootstrap 4 è mobile-first quindi in modo paradossale devi pensare prima agli schermi di smartphone e tablet poi agli schermi di laptop e desktop.

Ogni tanto, infatti, abbiamo bisogno di creare una navigazione che collassa quando la larghezza del dispositivo o della finestra è davvero piccola. Questo accade perché la navigazione può occupare molto spazio in verticale su un piccolo dispositivo e, vogliamo assicurarci che quello spazio non sia occupato a meno che l'utente non lo desideri. Quindi, per fare ciò, dobbiamo creare delle sezioni di contenuto comprimibile e per farlo in Bootstrap, hai essenzialmente bisogno di due parti, gli elementi che vuoi collassare ed un elemento che controllerà quel contenuto. Quindi dobbiamo lavorare su due parti diverse come abbiamo fatto in questo esempio. Per il contenuto comprimibile, avrai bisogno di un paio di classi, la prima è la classe generica *collapse* che, ovviamente, va sul contenuto che vuoi comprimere. Oltre a questo, utilizzerai anche un'altra classe chiamata *navbar-collapse* perché la maggior parte delle volte quando usi questa funzione, stai collassando una barra di navigazione. Ora ci sono alcune altre operazioni che devi svolgere come collegare l'elemento che stiamo collassando, in questo caso questo elemento sarà collegato ad un piccolo pulsante noto come il pulsante dell'hamburger menu. Quindi avremo bisogno di assegnare a questo contenuto pieghevole un ID che possiamo scegliere come target. Inoltre, la cosa che fa collassare l'elemento di solito nell'hamburger menu, avrà una serie di altre classi e la prima classe che ottiene si chiama *navbar-toggler*. Quindi di solito crei un pulsante, gli dai quella classe *navbar-toggler* e poi identifichi alcune classi aggiuntive. Per ottenere effettivamente questa icona di hamburger, possiamo usare una classe speciale chiamata *navbar-toggler-icon* e che ci darà l'aspetto che vogliamo.

Sebbene i menu a discesa (anche detti menu a tendina) siano tecnicamente una componente separata, vengono utilizzati molto spesso nei menu. Un menu a discesa richiede un contenitore per funzionare, proprio come molti altri elementi quindi, dovrai creare qualcosa con la classe *dropdown*. Di solito si tratta di un tag *<div>* o potrebbe essere su una voce di un elenco se si utilizza una navigazione che utilizza voci di un elenco. Personalmente preferisco creare la mia navigazione solo con i tag di ancoraggio.

Esiste anche una classe *dropdown-toggle*, che viene aggiunta sul collegamento per ottenere un piccolo triangolo per indicare che questo elemento ha un menu a discesa in esso. Adesso, vediamo come attivare un menu a tendina, questi possono essere attivati in due modi: tramite JavaScript o attributi sui dati. Possiamo usare questo attributo sui dati che si chiama *data-toggle* e lo si imposta su menu a discesa. Bootstrap attualmente ti consente di fare molto con JavaScript ed espone molte funzionalità, ed è un dato di fatto che quasi tutto ciò che puoi fare con JavaScript, lo puoi fare con questi attributi di dati. Quindi, è risulta più conveniente usare gli attributi dei dati al posto di dover usare JavaScript.

Procediamo con un esempio concreto:

```
<!DCCTYPE html>

<html lang="it">

<head>

  <title>Bootstrap dropdown</title>

  <meta charset="utf-8">

  <meta name="viewport" content="width=device-width, initial-scale=1">

  <link rel="stylesheet"
href="https://maxcdn.bootstrapcdn.com/bootstrap/4.3.1/css/bootstrap.min.css">

  <script
src="https://ajax.googleapis.com/ajax/libs/jquery/3.4.1/jquery.min.js"></script>

  <script
src="https://cdnjs.cloudflare.com/ajax/libs/popper.js/1.14.7/umd/popper.min.js"></script>

  <script
src="https://maxcdn.bootstrapcdn.com/bootstrap/4.3.1/js/bootstrap.min.js"></script>

</head>

<body>

    <nav class="navbar navbar-expand-sm bg-dark navbar-dark">

      <a class="navbar-brand" href="#">Logo</a>


      <ul class="navbar-nav">

        <li class="nav-item">

          <a class="nav-link" href="#">Chi siamo</a>

        </li>

        <li class="nav-item">

          <a class="nav-link" href="#">Servizi</a>
```

```html
          </li>

        <li class="nav-item dropdown">
          <a class="nav-link dropdown-toggle" href="#" id="navbardrop" data-
toggle="dropdown">
            Il team
          </a>
          <div class="dropdown-menu">
            <a class="dropdown-item" href="#">Mario Rossi</a>
            <a class="dropdown-item" href="#">Filippo Bianchi</a>
            <a class="dropdown-item" href="#">Giorgio Neri</a>
          </div>
        </li>
      </ul>
    </nav>
    <br>

    <div class="container">
      <h3>Navbar con menu a cascata</h3>
      <p>Clicca sul link "Il team" per vedere chi ne fa' parte in un menu a
cascata.</p>
    </div>
  </body>
</html>
```

Conclusioni

In questo e-book abbiamo analizzato le funzioni e caratteristiche principali di Bootstrap 4 partendo dai suoi vantaggi e svantaggi, passando per la famosa griglia per arrivare ai vari metodi di navigazione. Tutto è nato da due dei dipendenti di Twitter (un designer e uno sviluppatore), che una bella mattinata hanno deciso di creare un framework per il responsive web design. Da qui è nato Bootstrap che è diventato open source soltanto nel 2011 che ha aiutato gli sviluppatori ad aggiungere coerenza ai loro progetti, con una bassa curva d'apprendimento come punto di forza. Secondo Statcounter, strumento di analisi del traffico web, negli ultimi 12 mesi in Italia l'utilizzo del desktop è stato decisamente superiore rispetto a quello del mobile: 58,6% contro 37,5%. Questo dato ci fa riflettere molto sull'importanza di creare siti Web che siano compatibili con tutti i dispositivi ma che siano soprattutto rapidi nel caricamento. Se il tuo sito impiega più di 3 secondi per caricare hai il 40% di possibilità che l'utente abbandoni il sito e, addirittura, l'80% di probabilità che quell'utente non ritorni sul tuo sito.

Considerando questo contesto un framework come Bootstrap risulta davvero prezioso perché a fronte di una piccola libreria da includere possiamo creare layout anche complessi con poche righe di codice e addirittura senza scrivere alcun file CSS e JavaScript. Bootstrap 4 fa' tesoro delle innovazioni introdotte con HTML5 e CSS3 e continua a lavorare duramente per migliorare il framework introducendo delle nuove feature restando fedele al suo motto: *mobile-first*.

Ci auguriamo che questo e-book sia stato d'aiuto per il tuo apprendimento e per la realizzazione del tuo primo sito Web responsive. Continua a seguire l'evoluzione del framework e delle successive versioni in modo da restare sempre aggiornato sulle nuove funzionalità.

www.ingramcontent.com/pod-product-compliance
Lightning Source LLC
LaVergne TN
LVHW051325050326
832903LV00031B/3366